The Last Week

最後的一週

The Last
最後的一週 Week

第壹章
天國的定律。

本章根據：太二○：20~28；可一○：32~45；路一八：31~34。

逾越節近了，耶穌又上耶路撒冷去，內心孕育著與天父完全一致的意志，奔向祭祀之地的步履熱切卻充滿平安。但門徒的心中卻懷有驚奇、疑慮和懼怕之感。救主「在前頭走，門徒就希奇，跟從的人也害怕。」

基督再把十二個門徒叫過來，以從未有過的肯定口氣向他們說明祂的被賣和受難。祂說：「『看哪！我們上耶路撒冷去，先知所寫的一切事都要成就在人子身上——祂將要被交給外邦人。他們要戲弄祂，凌辱祂，吐唾沫在祂臉上，並要鞭打祂，殺害祂，第三日祂要復活。』這些事門徒一樣也不懂得，它的意思乃是隱藏的，他們不曉得耶穌所說的是什麼。」

門徒最近不是還在到處宣傳「天國近了」嗎？基督自己豈不是應許過許多人將要在天國裡與亞伯拉罕、以撒、雅各一同坐席嗎？祂豈沒有應許凡為祂撇下所有的，必要在今生得百倍，並在天國裡有分嗎？祂豈不是特別應許十二門徒在祂國中有崇高的地位，坐在十二個寶座上審判以色列十二個支派嗎？而且就是到現在，祂還說先知書中所寫一切有關祂的事都必成就。眾先知豈不是預言過彌賽亞作王的榮耀嗎？門徒心中既充滿這些思想，所以對祂所說被賣、受逼迫和受苦的話就模糊不清了。他們相信無論有什麼困難發生，祂不久總是要立國的。

西庇太的兒子約翰是首先跟從耶穌的兩個門徒之一。他和哥哥雅各是屬於第一批撇下一切為主服務的人。他們曾歡歡喜喜地撇下家庭和朋友與救主同行，他們曾和祂一起行走，一起談話。無論是在家裡的密室或在公共的集會上，他們都與祂同在。祂曾安撫他們的懼怕，拯救他們脫離危險，解除他們的痛苦，安慰他們的憂傷，並耐心而溫慈地教訓他們，直到他們的心與祂連在一起。由於愛的熱情，他們希望在祂的國裡與祂最為親近。約翰利用每個機會坐在救主旁邊，雅各也希望與祂有同樣密切的關係。

他們的母親也是跟從基督的，她曾慷慨地以財物供養祂。出於母親對兒子的愛心和期望，她希望他們在基督所設立的新國度裡得到最尊榮的地位。因此她鼓勵他們向基督提出請求。

於是母親和她的兩個兒子一同來見耶穌，求祂允准他們心中的要求。

耶穌問他們說：「要我給你們作什麼？」

母親回答說：「願你叫我這兩個兒子在你國裡，一個坐在你右邊，一個坐在你左邊。」

耶穌很溫慈地包容了他們，沒有因他們追求比其他門徒更優越的地位而指責他們的自私。祂洞察他們的心意，知道他們深深依戀著祂。他們的愛雖被屬世的意念所玷汙，但在本質上超過人類普通的感情。這愛是從基督自己救贖之愛的泉源湧流出來的。祂不忍指責他們，卻要使他們的愛更加深厚、更加純潔起來。祂說：「我所喝的杯你們能喝嗎？我所受的洗，你們能受嗎？」雅各和約翰聽了這話就想起基督先前所說，自己將要受苦之奧妙難測的話，然而他們還是自信地回答說：「我們能。」他們認為分擔一切將要臨到主身上的事，來證明他們的忠心，是無上的光榮。

耶穌說：「我所喝的杯，你們也要喝，我所受的洗，你們也要受。」最後擺在祂面前的是十字架而不是王位，左右兩邊陪著祂的則是兩個犯人。雅各和約翰的確是要與他們的夫子同受苦難，一個是門徒中最先被刀所殺，一個是門徒中忍受痛苦、凌辱和逼迫時間最長的一位。

祂接著說：「只是坐在我的左右，不是我可以賜的，乃是我父為誰預備的，就賜給誰。」在上帝的國中，地位不是由偏愛得來的，不是賺得來的，更不是任意給誰就給誰的，乃是人品格的結果。冠冕和寶座是人達到某種程度的標誌，是藉著我們主耶穌基督攻克己身的記號。

過了許久，當約翰對基督深表同情，與祂同受苦難時，主就向他指明，祂國裡與祂接近的條件。基督說：「得勝的，我要賜他在我寶座上與我同坐，就如我得了勝，在我父的寶座上與祂同坐一般。」「得勝的，我要叫他在我上帝的殿中作柱子，他也必不再從那裡出去。我又要將我上帝的名，……並我的新名，都寫在他上面。」（啟三：21 ，12）使徒保羅如此說：「我現在被澆奠，我離世的時候到了。那美好的仗我已經打過了，當跑的路我已經跑盡了，所信的道我已經守住了，從此以後，有公義的冠冕為我存留，就是按著公義審判的主到了那日要賜給我的。」（提後四：6 － 8）

將來地位最接近基督的，必是在世上受祂犧牲之愛感化最深的人。「愛是不自誇，不張狂，……不求自己的益處，不輕易發怒，不計算人的惡。」（林前一三：4 ，5）這愛能激勵門徒，正如激勵我們的主一樣，使他們為拯救世人而捨棄一切。為拯救世人而生活、工作、犧牲，以至於死。這種精神在保羅的一生中也顯明出來了。他說：「因我活著就是基督。」因他的生活已經在世人面前表現了基督，「我死了就有益處」。因他的死必顯明基督恩典的能力，並吸引眾人到祂面前。他說：「無論是生是死，總叫基督在我身上照常顯大。」（腓一：21 ，20）

當十個門徒聽見雅各和約翰的要求時，心中大為不悅。天國裡最高的地位正是每個人所要追求的。他們惱怒約翰和雅各，因他們佔取了明顯的優勢。

門徒中看來又要引起誰將為大的爭論了，於是耶穌把這些忿忿不平的門徒叫來，對他們說：「你們知道，外邦人有尊為君王的，治理他們，有大臣操權管束他們。只是在你們中間，不是這樣。」

在屬世的諸多王國裡，地位總意味著自我尊大。民眾似乎是為了統治階級的利益而生存的。勢力、財富、教育是領導人物為自己的利益用以控制民眾的手段。上等階級意味著思想、決斷、享受和統治；下等階級的天職便是服從和服務。當時的宗教像其他事務一樣，也是與權柄分不開的。民眾要遵照上級的指示實行宗教的義務。至於各人應享的人權，就是思想的獨立和行動的自由，那是完全被否定的。

基督要在完全不同的原則上建立祂的國。祂呼召人，不是要向別人作威作福，而是要服事人。強壯的要體諒軟弱的。有勢力、地位、才幹和學問的人，有更大的責任為同胞服務。即使是對基督門徒中最卑微的一個，聖經也對他說：「凡事都是為你們。」（林後四：15）

「正如人子來，不是要受人的服事，乃是要服事人，並且要捨命，作多人的贖價。」基督在門徒中總是在照料事務，背負重擔，祂與他們同甘共苦，為他們虛心克己。祂總是走在他們前面去鋪平更困難的道路。過不久祂還要捨去生命，完成在地上的工作。基督所實行的原則必須作為祂的身體教會的每一肢體的行動準則。救恩的計畫和基礎就是愛。所以在基督的國中，凡能效法祂榜樣並作祂羊群牧者的人，才是最大的。

保羅的話說明了基督徒生活真正的尊嚴：「我雖是自由的，無人轄管，然而我甘心作了眾人的僕人」。「不求自己的益處，只求眾人的益處，叫他們得救。」（林前九：19；一〇：33）

在信仰問題上，心靈必須是不受任何約束的。任何人都無權控制別人的心志，為別人作決斷，或指定他的本分。上帝給每個人有思想的自由，隨自己所確信的去做。「我們各人必要將自己的事，在上帝面前說明。」（羅一四：12）任何人也無權把自己的個性強行加在別人的個性裡。在一切事上，凡是有關原則性的問題，「各人心裡要意見堅定」（羅一四：5）。在基督的國裡沒有擅自作威作福，強迫人的事。就是天使到世上來，也不是要管轄人，勉強人尊敬他們，乃是作憐憫的使者與人合作，將人類提升。

救主所愛的門徒將祂教訓的原則，連祂辭句中的神聖美旨都牢記在心。約翰到晚年對教會所作見證的大旨就是：「我們應當彼此相愛，這就是你們從起初所聽見的命令。」「主為我們捨命，我們從此就知道何為愛，我們也當為弟兄捨命。」（約壹三：11，16）

這就是彌漫於初期教會中的精神。聖靈降下之後，「那許多信的人，都是一心一意的，沒有一人說，他的東西有一樣是自己的。」「內中也沒有一個缺乏的。」「使徒大有能力，見證主耶穌復活，眾人也都蒙大恩。」（徒四：32，34，33）

第貳章
撒該。

本章根據：路一九：1~10。

在往耶路撒冷去的路上，正好經過耶利哥城，「耶穌就進了耶利哥」。從約旦河到山谷的西邊有好幾里路，這裡是一片開闊的平原，耶利哥位於這熱帶蔥綠的樹木和繁盛美景之中。排排棕櫚參天挺立，茂密的園囿傾注流泉。耶利哥城橫臥在耶路撒冷和平原上的城邑之間顯得格外耀眼，猶如山石中的美玉，峽谷裡的澄瑩。

有許多旅客成群結隊地經過耶利哥往耶路撒冷去過節。一隊隊旅客抵達時，總是熱鬧非凡，洋溢著節日的喜慶。但這次還有一件更有趣味的事驚動了眾人。大家聽說那最近使拉撒路復活的加利利教師也在眾人之中；雖然到處有人私下議論祭司們暗算祂的陰謀，可是眾人還是急切地要向祂表示敬意。

耶利哥是古時分出來給祭司居住的諸城之一，所以有許多祭司住在那裡。但城中一般居民很複雜，因為它原是個五方雜處的貿易中心。這裡有羅馬的官長和兵士，有各處來的僑民，又因這是個收稅的關口，有許多稅吏也在這裡安家落戶。

稅吏長撒該是個猶太人，為他的同胞所痛恨。他雖然有地位、財富，但他的職業卻是猶太人所憎惡的。稅吏是不義和勒索的別名。然而，這個富裕的稅吏卻不像世上一般鐵石心腸的人；在他貪愛世俗和傲慢的外表之下，還有一顆敏於領受神聖影響的心。撒該曾聽人說起耶穌。這位以仁愛和禮貌對待被歧視階級的主所行的事，早已傳得遠近皆知了。於是這位稅吏長也有了覺悟，想要過更高尚的生活。從前施洗約翰在約旦河邊講道，那裡離耶利哥只有幾里路，所以撒該也曾聽到過悔改的呼召。約翰對稅吏的指示：「除了例定的數目，不要多取」的話（路三：13），撒該雖然表面上不在意，但在心裡已留下深刻的印象。他熟悉聖經的教訓，已經意識到自己的所作所為是錯誤的。現在又聽到這位大教師所講的話，他深深感到自己在上帝眼裡實在是個罪人。但他聽見有關耶穌的事，又燃起他心中的希望。他覺得像他這樣的罪人也有悔改重生的可能；這位新教師的親信門徒中不是也有個稅吏嗎？於是撒該立刻開始照他心中所信的去行，凡他所詐取來的，都一一償還了。

正當撒該如此重返正道時，耶穌進耶利哥的消息傳開了。於是他決意要見見耶穌。這時他已經感覺到罪的結果是何等痛苦，從錯路上回頭又是何等艱難。他誠心誠意地想糾正自己的錯誤，結果卻落得被人誤會、猜疑、不信任；他感到非常難受。這稅吏長渴望見耶穌一面，因祂的話已使他心中生出希望。

耶利哥的街道上已擠得水泄不通了，撒該的身量又矮小，在這人山人海中，他只能看見晃動的人頭。誰也不會讓路給他，他就跑到眾人前面一棵高大的桑樹下。樹枝橫遮路上，於是這位富足的收稅官就爬上桑樹，坐在樹枝上，等著俯視那快要經過的行列。群眾走近了，正從樹下走過，撒該睜大著眼睛，仔細地辨認他渴望見到的那一位。

當時雖有祭司和拉比們的喧嚷，又有群眾高呼的歡迎聲，但這稅吏長沒表達出來的願望，卻打動了耶穌的心。忽然間，有一隊人在桑樹底下止步，前後的人群也都停了下來。耶穌抬頭一看，眼光對準撒該，洞察他的心事，就對他說：「撒該，快下來！今天我必住在你家裡。」坐在樹上的撒該驚喜之餘，不知自己是否聽錯！

眾人讓開了路，撒該的雙腳如踏夢境，帶著耶穌直往自己家裡去。可是拉比們滿臉怨憤，嘴裡嘀咕著不滿和藐視的話，說：「祂竟到罪人家裡去住宿。」

撒該因基督竟願俯就他這個如此不配的人，又因主的大愛和謙卑，不禁受寵若驚，不知所云。隨後，他在這才初識的夫子的摯愛和忠誠激勵下說出心裡話。他要公開作認罪悔改的見證。

當著眾人的面，「撒該站著對主說：『主啊，我把所有的一半給窮人，我若訛詐了誰，就還給他四倍。』」

「耶穌說：『今天救恩到了這家，因為他也是亞伯拉罕的子孫。』」

從前那位富足的青年官吏離開耶穌時，門徒曾希奇他們夫子所說的話：「依靠錢財的人進上帝的國是何等的難哪！」他們曾彼此對問說：「這樣，誰能得救呢？」基督所說，「在人所不能的事，在上帝卻能。」(可一〇：24 ，26；路一八：27）這句話的真理現在都驗證了。他們已經看到一個財主如何藉著上帝的恩典得以進入祂的國。

撒該還沒有見到耶穌之前，已經在實際行動上顯明他是個真正悔改的人。別人還沒有控告他，他就先承認自己的罪。他聽從聖靈的責備，實行了上帝古時賜給以色列而如今賜給我們的教訓。耶和華早就這樣說：「你的弟兄在你那裡若漸漸貧窮，手中缺乏，你就要幫補他，使他與你同住，像外人和寄居的一樣。不可向他取利，也不可向他多要，只要敬畏你的上帝，使你的弟兄與你同住。你借錢給他，不可向他取利；借糧給他，也不可向他多要。」「你們彼此不可虧負，只要敬畏你們的上帝。」(利二五：35 － 37• ，17）這是基督當年隱在雲柱中親口說的，而撒該最先對基督之愛的回應，就是向窮苦人表示愛心。

當時的稅吏都是互相串通勾結，一同壓榨民眾，並在欺詐的行為上互相包庇。他們的勒索行為已成了普遍的風氣，連那些輕視稅吏的祭司和拉比們也在他們聖職的外衣下，用種種不誠實的手段為自己謀利。可是撒該一服從聖靈的感動，就立刻洗手，不再做昧良心的事。

真正的悔改沒有不帶來洗心革面的變化的。基督的公義並不是一件用來掩蓋沒有承認、沒有棄絕之罪的外衣。它乃是改造品格和控制行動的生活原則。聖潔，就是完全歸主，將心靈和生命完全獻上，讓天國的原則來改變人心。

在經營工商業務時，基督徒應當向世人表現，假若我們的主經營這業務的話，祂是如何行事的。在每一筆交易上，基督徒都應顯明上帝是他的導師。在流水帳、總帳簿、契約、收據和發票上，都應看到「歸主為聖」的標記。凡一方面自己公認是跟從基督的，卻同時用不正當的手段經營事業的人，就是為聖潔、公義、慈悲的上帝作了假見證。每一個悔改的人都要像撒該一樣，棄絕舊日生活上各種不正當的行為，以行動來表明基督已進入了他的心。他要像這稅吏長一樣，償還不應得的利，藉以表明自己的真心誠意。上帝說：「惡人『若……還人的當頭和所搶奪的，遵行生命的律例，不作罪孽，……他所犯的一切罪，必不被記念；他……必定存活。』」（結三三：15 － 16）

如果我們在任何不公正的交易上虧負了人，或是在經營時用過不正當的手段，或詐取過任何人，即或是沒有越過律法的範圍，我們仍應承認自己的錯，並盡量予以賠償。我們不但要退還原來所得的額數，還要加上這些財物在我們手中時，如得到正當和精明的使用，所能產生的全部利息。

救主對撒該說：「今天救恩到了這家。」撒該不但自己蒙了福，他的全家都與他一同得了救恩。基督到他的家裡，給了他真理的教訓，並用天國的事教導他的全家。他們過去曾因拉比和一般敬拜者的藐視，而被關在會堂之外，如今卻是全耶利哥城最蒙恩典的一家；他們能在自己家裡，緊緊圍坐在這神聖教師周遭，親耳聆聽祂所講說的生命之道！

撒該把耶穌接到家中，並不是只把祂當作一個過路賓客而已，而是讓祂住進自己的心殿。文士和法利賽人指責撒該是個罪人，還對基督議論紛紛，滿心怨恨，因為祂竟在罪人家中作客。但主卻承認撒該是亞伯拉罕的子孫。因為「那以信為本的人，就是亞伯拉罕的子孫。」（加三：7）

第參章
在西門家裡坐席。

本章根據：太二六：6~13；可一四：3~11；路七：36~50；
約一一：55~57；一二：1~11。

伯大尼村的西門也算是耶穌的一個門徒。他是幾個公開與基督門徒來往的法利賽人之一。他承認耶穌是一位師傅，並希望祂或許就是彌賽亞，但還沒有接受祂為救主。他的品格還沒有更新，他為人的原則也沒有改變。

西門患過大痲瘋症，因蒙主醫治，被吸引到耶穌面前。他為要表示感激，在基督末次到伯大尼時，設筵款待救主和祂的門徒。他同時也請了許多猶太人來赴席。這時的耶路撒冷，群情振奮；基督和祂的使命引起了空前的注意。來赴宴的人，密切地注視著祂的一舉一動，有些人的眼神裡還不懷好意。

救主到伯大尼，是在逾越節的前六天；照祂平常的習慣，在拉撒路家裡住宿。旅經伯大尼往耶路撒冷去的人群傳出消息說，基督正在來耶路撒冷的路上，並要在伯大尼過安息日。眾人聞之非常興奮。許多人蜂擁到伯大尼，有的是出於同情耶穌，有的為好奇心所驅使，要看看那從死裡復活的人。

許多人希望聽拉撒路講說一些死後的奇事。結果拉撒路並沒告訴他們什麼，他們就感到詫異。其實他根本沒有這類事可講。經上說：「死了的人毫無所知，……他們的愛，他們的恨，他們的嫉妒，早都消滅了。」（傳九：5－6）但拉撒路卻能對基督的工作作奇妙的見證。基督叫他從死裡復活，也正是為了這個目的。他用確切而有力的話宣稱耶穌是上帝的兒子。

到伯大尼去看過的人，將所見所聞帶回耶路撒冷，使民間的情緒越發興奮了。眾人更熱切地要見耶穌，要聽祂講話。大家異口同聲地問：「這次拉撒路是否要陪他一同到耶路撒冷來？」這位先知是否要在逾越節被立為王？祭司和官長們看出自己在民間的勢力愈趨削弱，便對耶穌的惱怒更加狠毒了。他們恨不得立即將祂除滅。時間一天天過去，他們開始懷疑祂究竟會不會來耶路撒冷，記得祂過去如何使他們殺害祂的毒計屢屢落空，所以現在祂或許早已看穿他們的陰謀，有意避開了。他們難以掩飾內心的焦躁，就彼此對問說：「你們的意思如何？祂不來過節嗎？」

於是祭司和法利賽人召集一次緊急會議。自從基督使拉撒路復活之後，民眾都一致擁戴基督，故此，公開捉拿祂是很危險的。所以當權者決定祕密捉拿祂，並盡可能悄悄地進行審問。他們希望在祂的罪狀公布時，易變的輿論會倒向他們這一邊。

因此，他們提出了除滅耶穌的想法。但祭司和拉比們知道，只要拉撒路活著，他們的計謀總是沒保障的。如果只殺耶穌一人而讓拉撒路活著，這埋在墳墓裡四天之後因耶穌一句話而活過來的人，早晚必在民間起作用。他們的領袖若殺了行這大神蹟的一位，民眾必起來聲討。因此公會就決定拉撒路也必須死。仇恨和偏見竟使人到了如此毒辣的地步。猶太領袖們的仇恨和不信越來越甚，竟想殺害那被無窮能力從墳墓裡救出來的人。

當他們在耶路撒冷策劃這起陰謀時，耶穌和朋友們正在西門的家裡坐席。在席上，那曾患可憎之病而被主治好的西門，坐在救主的一邊，從死裡復活的拉撒路坐在另一邊。馬大在一旁伺候，馬利亞則細心傾聽耶穌口中所說的每一句話。耶穌曾恩慈地赦免了馬利亞的罪，並使她所愛的兄弟從墳墓裡出來，所以馬利亞心裡非常感激。她曾聽見耶穌說祂自己快要去世，所以她出於深切的愛心和憂傷，渴望向祂表示敬意。她花了很大的代價買了一瓶「極貴的真哪噠香膏」，預備膏耶穌的身體。而現在又聽許多人說，祂將要被立為王。於是她的憂傷變為喜樂，切望自己能最先向主表示敬意。她就打破玉瓶，把香膏澆在耶穌頭上和腳上，隨後，跪在耶穌腳前哭泣，眼淚溼了祂的腳，她就用自己飄柔的長髮擦乾。

馬利亞本想避開人的眼目；她的行動或許不會引人注意，但屋裡充滿了香膏的香氣，在座的人就都知道她所做的事了。猶大對這事很不高興。他沒等基督對這事發表意見，就同旁邊的人交頭接耳，埋怨基督竟容許馬利亞這樣浪費。他很狡猾地提出一些足以引起不滿的意見。

猶大是替眾門徒管錢的。他常暗暗地從那些款項中拿出一些私用，因此使他們的經濟更顯拮据了。猶大常將所能得的錢都放在錢囊中。其中的錢也常用來周濟窮人；如果門徒買一些猶大認為不必要的東西，他就會說，何必這樣浪費呢？為什麼不把錢放在我為窮人所預備的錢囊裡呢？這時他看見馬利亞的行為與他自私的習性如此懸殊，就感到非常慚愧，便照平時的習慣，以高尚的動機為藉口，來反對馬利亞的奉獻。猶大轉過身對門徒說：「『這香膏為什麼不賣三十兩銀子周濟窮人呢？』他說這話，並不是掛念窮人，乃因他是個賊，又帶著錢囊，常取其中所存的。」其實猶大並沒有顧念窮人的心。即使馬利亞賣掉香膏把錢交給猶大，窮人也不會因此而得著什麼益處的。

猶大對自己辦事的才幹估計得很高。他自命為財務總管，便自覺比其他門徒優越、高出一籌，同時也使他們這樣重視他。他已得到他們的信任並在他們身上有很大的影響力。他憐恤窮人的虛情假意蒙蔽了他們，而且他那狡猾的暗示使門徒對馬利亞的熱情發生懷疑。於是批評的聲音傳遍全席：「何必這樣的浪費呢？這香膏可以賣許多錢，周濟窮人。」

馬利亞聽見這些批評的話，心裡戰戰兢兢，怕她的姐姐責備她浪費。或許夫子也會認為她做事太沒分寸。她不想為自己辯解，正打算暗暗退去時，不料聽見主說：「由她吧！為什麼難為她呢？」基督看出馬利亞的窘迫和困境，知道她這樣做是要表示她對得蒙赦罪的感激，所以基督說了這句話來安慰她。而後用壓倒眾人議論的聲音說：「她在我身上作的是一件美事。因為常有窮人和你們同在，要向他們行善，隨時都可以，只是你們不常有我。她所作的，是盡她所能的，她是為我安葬的事，把香膏預先澆在我身上。」

馬利亞已將她預備膏抹在救主屍體上的貴重禮物，澆在祂活著的身體上。這膏若在安葬時使用，它的香氣也只能充滿墓穴；而現在卻能連同她信心和愛心的保證，使耶穌欣慰。亞利馬太的約瑟和尼哥底母，沒有趁耶穌活著時，將他們愛心的禮物獻給祂，他們只能含著辛酸的眼淚將貴重的沒藥放在祂僵冷而沒有知覺的屍體上。那些帶香料、香膏來到墳墓前的婦女們，發現自己帶來的東西已無用處，因主已復活。只有馬利亞在救主還能欣賞她的禮物時，憑愛心為祂安葬的事用膏膏祂。及至救主進入極大試煉的黑暗中時，也沒有忘記這件事。從這件事上，祂預先嘗到了將來被贖之民向祂表示的永久摯愛。

許多人拿貴重的禮物來獻給死人。他們站在冷冰冰的無聲無息的屍體前滔滔不絕地說出愛的話。他們向那眼不能看、耳不能聽的屍體表示親切、感激、熱愛。這些話如果趁著那心靈疲乏的人最需要安慰時說出來，它所發出的香氣將是何等寶貴啊！因那時他們的耳朵還能聽見，心靈還有感覺。

馬利亞自己還不完全明白她這出於愛心的行為所含的全部意義。她無法回答那些批評她的人，也不能解釋她為什麼要趁這個機會來膏耶穌。這乃是聖靈為她計畫的，她也只是順從聖靈的指引。聖靈之來，是不說明理由的。祂的存在是人眼看不見，對心靈說話，感動人心去行事。聖靈本身就是他的證明。

基督將馬利亞所作之事的意義告訴了她，這樣，祂所賜與馬利亞的比受於她的更多了。祂說：「她將這香膏澆在我身上，是為我安葬作的。」正如打破玉瓶，屋裡充滿了香氣；照樣，基督將要受死，祂的身體也要捨去。但祂還要從墳墓裡出來，使祂生命的香氣充滿全地。「基督愛我們，為我們捨了自己，當作馨香的供物和祭物獻與上帝。」（弗五；2）

基督說：「我實在告訴你們，普天之下，無論在什麼地方傳這福音，也要述說這女人所行的，作個紀念。」救主遙望到將來，對祂的福音說了一句肯定的話。這福音必要傳到普天之下，福音的工作推展到哪裡，那裡就要發出馬利亞禮物的馨香之氣，使許多人因她這純真的奉獻而受造就。世上的國度有興有衰，帝王和英雄的英名無人紀念，但這個女人所行的事卻要編入神聖的史冊，永垂不朽。這打破的玉瓶必將述說上帝對墮落人類豐富的慈愛，直到世界的末了。

馬利亞所作的和猶大所打算作的，是何等鮮明的對照啊！猶大將批評和惡念的種子撒在眾門徒的心中；基督本來可以很嚴厲地訓他一頓！那控告人的按理正應該被控告！洞察每個人心中的動機，並看明每一行為的主，本可以將猶大一生的汙點，暴露在坐席者前，也可以揭穿這個賣主的人所拿來掩飾他批評的藉口，因他並沒有同情窮人，反而經常竊取那用以周濟窮人的錢財。救主大可指明他壓迫孤兒寡婦和傭工的卑劣行徑，來激起眾怒。但基督若揭露猶大的真面目，人們就要以此為猶大出賣救主的原因。況且，即使耶穌將盜竊的罪名加在猶大身上，猶大還可能得到同情，連眾門徒也難免向他表示同情呢！所以救主沒有責備猶大，免得給猶大留下一個出賣祂的藉口。

但耶穌向猶大看了一瞥，使猶大感到救主已看穿他的偽善，對他卑鄙的人格瞭若指掌。馬利亞所行的事，受到猶大苛刻的批評，但基督稱揚了她，這就等於責備了猶大。過去，基督從來沒有直接責備過他，所以這次的責備使他懷恨在心，決定要報復。他從席上起來，就立刻到大祭司的院子裡去；那時正好趕上他們召集會議，他就主動提出將耶穌交到他們手中。

祭司們皆大歡喜。這些以色列的領袖們本來享有特權，不用銀錢、不花代價地接受基督為他們的救主。可惜他們拒絕了上帝出於最溫慈的愛心送給他們的寶貴禮物。他們不肯接受那比金子更為寶貴的救恩，反而用三十塊銀錢買了他們的救主。

猶大一貫放縱貪財之欲，直到它腐蝕了他品格中的一切向善的元素。他吝惜馬利亞獻給耶穌的禮物，看到救主接受地上君王才配享用的禮物，不禁怒火中燒。結果他竟以遠不及一瓶香膏的代價出賣了他的主。（譯者按：三十塊錢約合十兩銀子。）

其他門徒不像猶大。他們愛他們的救主。可惜他們對祂崇高的品格還缺乏正確的認識。如果他們能明白基督為他們所做的一切，他們就不會把獻給祂的禮物視為浪費了。從東方來的博士，雖然對耶穌的認識有限，但對祂應受的尊敬卻表現了正確的認識。當救主還是個臥在馬槽裡的嬰孩時，他們就拿極寶貴的禮物獻給祂，並在祂面前下拜。

凡誠心的禮遇，基督無不重視。無論誰向祂表示善意，祂總是以屬天的禮貌為那人祝福。就是小孩子採來的一朵小花，若是憑愛心獻給祂的，祂也欣然接受。孩子們的奉獻祂都感激領受，並為他們祝福，將他們的名字記在生命冊上。聖經特藉馬利亞膏耶穌的事，把她和其他名叫馬利亞的婦女分別出來（見約一一：2）。愛的舉動和對耶穌的恭敬，都是人相信耶穌是上帝兒子的憑據。聖靈論到婦女的忠心時，說：「洗聖徒的腳，救濟遭難的人，竭力行各樣善事。」（提前五：10）這就是盡忠於基督的憑據。

基督喜悅馬利亞，因她切切希望實行主的旨意。主悅納她純潔的愛心，這是門徒當時所不明白而且不願意明白的。馬利亞愛主的這番心意，在基督看來，比世上所有的名貴香膏更為寶貴，因為馬利亞的奉獻，是對世界的救贖主表示感激之心。這是因為基督的愛激勵了她，基督無比優美的品德充滿了她的心。那瓶香膏表示馬利亞的一顆赤心。這種敬意是上天之愛的泉源充滿內心而盈溢出來的表現。

馬利亞所作的，正是眾門徒所需要的教訓，叫他們知道：向基督表露愛心，必為祂所喜悅。對他們來說，基督實際構成他們一切的一切。可是他們一點也不理會：過不久祂就要離開他們，他們再沒有機會，為祂的大愛作什麼表達以示感激了。門徒對基督離開天庭，來過人類的生活時所忍受的孤獨感，從來沒能理解，也不領會，然而這是他們應當了解的。救主因為沒能得到門徒應該向祂表示的愛戴，心中時常憂傷。祂知道，他們若能常在伴隨祂的天使的影響之下，他們就會意識到，任何禮物也不能充分表達心中屬靈的深情濃誼。

他們事後才真正感覺到，當祂還在他們中間時，他們應該為耶穌做很多事，來表達他們對祂的愛和感激之情。等到耶穌不在他們中間時，他們才真覺得自己像沒有牧人的羊一樣。他們才看出當時錯失了多少機會來向祂表示至誠的殷勤，好讓祂心裡快樂啊！那時他們不再責難馬利亞，卻要責難自己了，並悔恨當時不該妄自批評人，還錯誤地認為窮人比基督更應接受奉獻。若能收回這些話，該多好啊！後來當他們將救主受傷的身體從十字架上取下來時，他們的心靈深處是何等的自責啊！

同樣的匱乏在今日世界處處可見。很少有人認識到基督同他們有多大關係。如能這樣的認識，他們就必表現出馬利亞所表現的大愛，慷慨地把香膏倒在主的身上，那貴重的香膏他們也就不會看作浪費，獻給基督的東西沒有一樣能算是太貴重的了。為了基督，還有什麼事不能放棄，還有什麼犧牲不能忍受呢？

「何用這樣浪費呢？」這句忿忿不平的話，使基督想起永世以來所付出的最大犧牲——就是獻上祂自己，作為贖回一個失喪世界所付的代價。主定意要拿最豐富的恩賜贈給人類的家庭。不能讓人說，上帝還有絲毫的保留。上帝既賜下耶穌，也就是將全天庭都賜給人類了。照人的看法，這樣的犧牲是大大的浪費。根據人的論理，整個救恩計畫是浪費慈愛和恩典的事。在這計畫中，看到盡是克己為人和全心全意的犧牲。天上的眾生看到人類竟拒絕基督所顯示無窮盡之愛的拯救和豐盛，就非常驚異。他們很可以感嘆說：「何必這樣浪費呢？」

但拯救這失喪之世界的贖價必須是充足、豐富、完備的。基督的奉獻非常豐富，足夠上帝所創造的一切生靈之需。它不得被限制於一定數額，以致不得超過願意接受這偉大恩賜之人的數目。固然，並不是所有的人都要得救，但不可因這救贖大計未能拯救它所要救的全部人類，就說它是浪費。救恩必須是充足而有餘的。

猶大對馬利亞獻禮物的批評，使主人西門受很大影響。他對耶穌的作風感到驚奇。他那法利賽人的自尊心受到刺激。他知道許多客人正對耶穌表示懷疑和不滿。他心裡說：「這人若是先知，必知道摸祂的是誰，是個怎樣的女人，乃是個罪人。」

基督治好西門的大痲瘋，救他脫離了雖生猶死的人生。而現在他竟懷疑救主到底是否先知。因基督讓這婦人接近祂，並不認為她的罪不可赦免而嚴厲地拒絕她，又沒表示祂知道馬利亞是個墮落的人，因此西門就以為耶穌不是先知。他想，耶穌一點也不知道那樣隨便表示好感的婦人是怎樣的人，否則，祂一定不會讓她來摸祂的。

西門這樣想，是因為他不認識上帝，也不認識基督。他不明白，上帝的兒子必須憑著上帝的慈悲、溫柔和憐憫行事。而西門行事，是不注意馬利亞告解的表現。馬利亞親基督的腳，並用香膏膏祂，觸犯了西門剛硬的心。他想基督若是先知，就必能認出罪人，並予以斥責。

對西門這個未曾發表出來的想法，救主回答說：「西門，我有句話要對你說。……一個債主有兩個人欠他的債：一個欠五十兩銀子，一個欠五兩銀子，因為他們無力償還，債主就開恩免了他們兩個人的債。這兩個人哪一個更愛他呢？」西門回答說；「我想是那多得恩免的人。」耶穌說：「你斷得不錯。」

耶穌對西門，正如拿單對大衛一樣，將責備的話含在一個比喻之中。祂要筵席的主人負責宣布自己的罪狀。因為西門曾引誘現在被他所藐視的這個婦人犯罪；馬利亞吃過他的大虧。比喻中所說的兩個債戶，就代表西門和馬利亞。耶穌原不是要教訓他們，這兩個債戶對免債的感激應有輕重之分，因為他們所欠的債，都是永遠還不清的。但西門既覺得自己比馬利亞更高尚，所以耶穌要他看出他自己的罪實際上有多麼大。耶穌要向他指明，他的罪比那婦人的罪更重，正如五十兩銀子的債大過五兩銀子的債一樣。

從此西門對自己有了新的認識。他看出馬利亞是怎樣被那比先知還大的一位所看重。他看出基督用先知的慧眼洞悉她心中的愛和虔誠。西門非常羞愧，覺悟到他是在一位遠比他優越的主面前。

基督接著說：「我進了你的家，你沒有給我水洗腳；」但馬利亞出於愛的激勵，用她悔改的眼淚洗我的腳，並用她的頭髮擦乾。「你沒有與我親嘴，」但你所輕視的「這女人從我進來的時候就不住地用嘴親我的腳。」基督說明了西門本來有機會，可以因主為他所行的事來表示愛心和感激的。救主坦率地以溫良的禮貌向門徒說明，當祂的兒女們不注意用愛的言語和行動向祂表示感恩時，祂是很傷心的。

監察人心的主洞悉馬利亞行為的動機，也看到西門所講的話是出於什麼精神。祂對西門說：「你看見這女人嗎？」她是一個罪人。「我告訴你，她許多的罪都赦免了，因為她的愛多。但那赦免少的，他的愛就少。」

西門對待救主的冷淡和失禮，表明他對所領受的恩典沒有多少感激的心。他以為請耶穌到他家裡來，已經是尊敬祂了。現在他看出自己的真面目。他原以為自己是在窺視他的客人，殊不知客人正在窺視他呢；他看出基督對他的判斷是何等正確。他的宗教信仰不過是一件法利賽式的外衣。他曾藐視耶穌的慈悲，沒有認明祂是上帝的代表。馬利亞是已蒙赦免的罪人，而他卻未蒙赦免。他所想用在馬利亞身上的嚴正標準，恰好定了他自己的罪。

西門因耶穌沒在賓客面前公開責備他，心中為主的仁愛所感動。他本想用來對待馬利亞的那一套，耶穌並沒有用來對待他。他看出耶穌不願意將他的過犯公諸大眾，只說明事實的真相，好使他自己心中覺悟，並用慈悲的仁愛來制伏他的心。嚴厲的斥責會使西門的心剛硬而不願悔改，但是忍耐的勸勉卻使他覺悟自己的過錯。他看出自己欠主的債是何等多。想到這裡，他的驕傲變為謙卑；他悔改了。於是這驕傲的法利賽人成了一個謙虛而克己的門徒。

馬利亞曾是人們眼中的大罪人，但基督知道那影響她生活的種種環境。主可以消滅馬利亞心中將殘的燈火般的希望，但祂沒這樣作，卻把馬利亞從失望和毀滅之中拯救出來。馬利亞曾七次聽見主責備那控制她心靈和意念的魔鬼，她也聽見救主向天父為她大聲呼求。她知道罪同救主無玷汙的純潔是衝突的，而她靠著主的力量已經得勝了。

在人的眼裡，馬利亞似乎是沒有希望的，但基督卻看她有向善的可能，看出她品格中的優點。救贖的計畫已賦予人類很大的可能性，而這可能性要在馬利亞身上實現出來。藉著基督的恩典，她得與上帝的性情有分。那曾經墮落而心中附有鬼魔的人，已在靈修和工作中，與救主甚為親近了。那坐在救主腳前聽教訓的是馬利亞。那用香膏澆在救主頭上，並用眼淚洗祂的腳，也是馬利亞。她曾守在十字架邊，並送救主到安葬之地。在主復活之後，頭一個到墳墓去的是馬利亞。頭一個宣揚救主復活的，還是馬利亞。

耶穌知道每個人的環境。你或許要說：我有罪，而且罪很重。不錯，你是個罪人，但越是有罪，你就越需要耶穌。祂絕不丟棄一個憂傷痛悔的人。祂並不將祂所能揭露的一切事告訴任何人，只是吩咐每一個戰戰兢兢的人要剛強壯膽。凡來到祂面前祈求饒恕和醫治的人，祂都願意白白地赦免。

基督很可以差遣天上的使者，將祂憤怒的碗倒在我們這個世界上，毀滅那些對上帝心懷仇恨的人。祂可以將這個汙點從祂的宇宙中除掉。但祂並不這樣行；祂今天仍站在香壇前，將凡願意得到祂幫助者的禱告，呈獻在上帝面前。

凡以耶穌為避難所的人，祂必使他們「免受口舌的爭鬧」的控告（見詩三一：20）。無論是人或是惡天使，都不能指控這些人。基督已把他們與自己兼有的神性聯合起來。他們得以站在那背負罪孽的主旁邊，並站在那從上帝寶座所發出的榮光之中。「誰能控告上帝所揀選的人呢？有上帝稱他們為義了。誰能定他們的罪呢？有基督耶穌已經死了，而且從死裡復活，現今在上帝的右邊，也替我們祈求。」（羅八：33，34）

第肆章
「你的王來到」。

本章根據：太二一：1~11；可一一：1~10；路一九：29~44；
約一二：12~19。

「錫安的民哪，應當大大喜樂！耶路撒冷的民哪，應當歡呼！看哪，你的王來到你這裡，祂是公義的，並且施行拯救，謙謙和和地騎著驢，就是騎著驢的駒子。」(亞九：9)

在基督降生前五百年，先知撒迦利亞就這樣預言大君王來到以色列的情形。這段預言現在就要應驗。那位素來拒絕君王之尊的主，現在卻按著應許來到耶路撒冷，繼承大衛的王位了。

基督凱旋進入耶路撒冷，是在七日的第一日。蜂擁到伯大尼去看祂的人群，現在也跟著祂，渴望能目睹祂受到的歡迎。還有許多進城去守逾越節的人也加入了人群跟隨著耶穌。大自然似乎都在歡喜快樂，青翠的樹掛滿碧綠的枝條，開放的花朵發出芬芳的香氣，一種新的生命和喜樂鼓舞著眾人，建立新國家的希望又重新燃起來了。

耶穌曾定意要騎驢進耶路撒冷，所以事先差遣兩個門徒為祂牽一匹驢和驢駒來。救主降生時是靠陌生人款待的。祂所躺臥的馬槽是借用的安身之所。祂雖有成千的牲畜，可是現在祂卻靠陌生人的人情，借得一匹牲口騎著進耶路撒冷作王。然而在祂差遣門徒的詳細指示中，祂的神性又顯明了。正如祂所預示的，「主要用它」的一句要求，立時得了應允。耶穌為自己揀選了一匹從來沒有人騎過的驢駒。門徒興高采烈地將他們的衣服搭在上面，扶著他們的夫子騎上去。過去耶穌一向是徒步行走的，現在忽然要騎驢，起先令門徒希奇；後來他們想耶穌必是要進城聲明作王，並實施王權，因此，他們不禁歡欣鼓舞，喜出望外。他們去牽驢時就將自己熱誠的期望告訴耶穌的朋友們。於是遠近的人都興奮了起來，民眾熱烈的希望達到了高潮。

這一次，基督是按著猶太的慣例舉行帝王入城式。祂的坐騎，也是自古以來以色列眾王所乘坐的，而且先知早已預言彌賽亞是要這樣得國的。耶穌一騎上驢駒，眾人就立刻發出歡呼。他們稱頌祂為彌賽亞，為他們的王。耶穌現在所接受的尊敬是祂過去所不許加在祂身上的。因此，門徒就斷定他們希望見祂榮登寶座的理想一定要實現。眾人也深信他們得解放的時候近了。他們在幻想中看到羅馬軍隊被趕出耶路撒冷，看到以色列重新成為獨立的國家。他們都興高采烈，爭先恐後地向祂致敬。他們不能在外表上顯示鋪張炫耀，只能用喜樂的心來敬拜祂。他們無力獻給祂貴重的禮物，只能將自己的衣服當作地毯鋪在祂經過的路上，又把橄欖樹和棕樹的枝子墊在路上。他們沒有君王的旌旗在前頭引領得勝的行列，但是他們砍下棕樹枝條——自然界勝利的標誌，高高地擎起搖動，歡呼聲與和散那的喊聲響徹雲霄。

他們前進時人數不斷增多起來，因為有許多人聽見耶穌來了，就匆忙加入行列。旁觀的人也不斷擠進人群之中，發問說：「這是誰？這樣鬧哄哄的是什麼意思？」他們都聽見過耶穌的名聲，也曾期待著祂到耶路撒冷來。但是他們知道以前想要立祂為王的一切努力都被祂阻止了。如今打聽到是祂，就非常驚奇，希奇這曾宣布祂的國不屬於世界的主，何以有這樣的改變。

他們的許多詢問，忽然被一陣勝利的歡呼打斷了。熱烈的群眾一再發出歡呼，遠近各處的人們都隨聲附和響應，四圍的山谷也發出陣陣回聲。現在這行列與從耶路撒冷出來的群眾會合了。那些聚集在首都守逾越節的群眾，成千上萬地出城來歡迎耶穌。他們舞著棕樹枝，唱著聖歌迎接祂。祭司們在殿中吹起獻晚祭的角聲，卻沒有什麼人前去獻祭，官長們彼此提醒著說：「世人都隨從祂去了。」

耶穌在世上的生活中，從未准許過這樣的舉動。祂明明地預先看到了其結果是要引祂到十字架去的。但是祂的目的就是要公開表白自己是救贖主。祂要喚起人們注意祂的犧牲，就是祂完成拯救墮落世界之使命的勝利高潮。當民眾正聚集在耶路撒冷守逾越節時，祂——逾越節羔羊所預表的真體就自願獻出自己作為犧牲。以後各世代的教會，都要將祂為世人的罪而死的事實，作為深切思考和研究的主題。凡與此有關的事都要被證實，不容有絲毫懷疑的餘地。因此，眾目都需要注視祂。在祂作偉大犧牲之前所發生的一切大事，都必須引人注意到這犧牲的本身。在祂進入耶路撒冷時，既有那麼一番熱烈的歡迎，眾目就必隨著祂迅速地轉向那最後的一幕了。

凡與這次騎驢凱旋有關的事，都要成為眾人談論的中心，並要使人人都想到耶穌。在祂被釘之後，許多人必要想起這些與祂受審、處死有關的事。這樣就必引起他們去研究預言，因而相信耶穌是彌賽亞，各地悔改信道的人也必增多。

救主在世時的這一凱旋隊伍景象，完全能由天上的使者來護送，並由上帝的號筒來宣告。但這樣的表現與祂使命的宗旨相反，並與支配和約束自己生活的原則相背。祂仍必恪守祂所接受的卑微本分。祂必須背負人類的重擔，直到祂為世人的生命捨去自己的生命。

門徒若知道這歡樂場面不過是他們夫子受苦受死的序幕，那麼，在他們看為平生最大的一日，就要被愁雲籠罩。雖然救主再三將祂一定要犧牲的事告訴過他們，但當今興高采烈之際，他們竟忘記救主憂傷的話，只盼望祂坐上大衛的寶座治理天下。

新來的人不斷加入行列，除了極少數人以外，大家都被當時的情緒所鼓舞。「和散那」的歡呼聲越來越高，山與山之間，谷與谷之間，回聲應著回聲，聲聲不絕。眾人不斷地喊叫說：「和散那歸於大衛的子孫，奉主名來的，是應當稱頌的！高高在上和散那！」

世人從未見過這樣歡慶的行列，這與世上赫赫有名的征服者之行列有所不同。這裡沒有悲哀的俘虜來彰顯君王的威武。然而在救主的周遭有祂憑愛心為罪人勞碌的光榮成績，就是祂從撒但權勢之下奪回的人。他們因祂的拯救而讚美上帝。那經祂醫好的瞎子在前頭引路，祂所治癒的啞巴揚起極宏亮的聲音歡呼和散那。祂所醫好的瘸子快樂跳躍，手拿折取來的棕樹枝在救主前頭揮舞，顯得最為活躍了。孤兒寡婦因耶穌向他們所施的仁慈而稱揚祂的名。祂所潔淨得大痲瘋的人，將他們潔白的衣服鋪在路上並尊祂為榮耀的王。那些因聽見祂聲音而復活的人也在群眾之中。那身體曾在墳墓裡腐爛過的拉撒路，現在卻容光煥發眉飛色舞地牽著救主所騎的牲口。

許多法利賽人目睹這景象，嫉妒和怨恨之火在心中燃燒，便想扭轉民心。他們用所有的權柄試圖抑制眾人的情緒，但是他們的勸阻和威脅反而加劇了民眾的熱忱。法利賽人唯恐聲勢浩大的群眾要立耶穌為王，於是想出最後的辦法，從群眾中擠到救主面前，用責難和威脅的口氣向祂說：「夫子，責備你的門徒吧！」他們說這樣吵鬧的舉動是不合法的，是當局不許可的。但耶穌的回答使他們啞口無言，耶穌說：「我告訴你們：若是他們閉口不說，這些石頭必要呼叫起來。」這次的凱旋是上帝親自安排的。先知早已預言這事，人是沒能力來推翻上帝旨意的。如果人不實行上帝的計畫，上帝就要使一些沒有生氣的石頭發出歡呼讚美的聲音來尊榮祂的兒子。那些啞口無言的法利賽人退去之後，群眾就同聲朗誦先知撒迦利亞的話說：「錫安的民哪，應當大大喜樂！耶路撒冷的民哪，應當歡呼！看哪，你的王來到你這裡，祂是公義的，並且施行拯救，謙謙和和地騎著驢，就是騎著驢的駒子。」

當這行列走到山頂，正打算下山進城時，耶穌停住了，群眾也都止步。耶路撒冷全城壯麗的景色呈現在眼前，在夕陽的金色光輝下顯得格外美麗。聖殿吸引著眾人的目光，這富麗堂皇的建築高出一切，殿頂直指上天，猶如引人歸向獨一無二的真神，永生上帝。聖殿向來是猶太國的光榮和驕傲。羅馬人也因其壯麗而得意。羅馬分封的王曾和猶太人一起重建聖殿，把它裝修一新。羅馬皇帝也捐贈厚禮加以點綴。聖殿建築堅固，規模宏大，富麗堂皇，堪稱世界一大奇觀。

西方的落日將天空染成一片金紅，燦爛的餘暉使聖殿潔白的雲石牆壁相映生輝，並閃爍在包金的柱頂上。從耶穌和跟隨者所站的山頂上望過去，它正像一座用白雪砌成的高大建築，裝飾著黃金的金頂。聖殿的門口裝飾著金的銀的葡萄樹，上面長著綠葉和一串串葡萄，手藝精巧絕倫。這裝飾象徵以色列為茂盛的葡萄樹。黃金、白銀和碧綠的色彩，由絕妙的藝術和精巧的手藝配置得栩栩如生，格外美麗，猶如取自天國的餘輝。

耶穌注視著這幅美景，群眾也止住了他們的歡呼，似乎被這景致的美迷住了。大家的眼睛轉到救主身上，希望看見祂與他們一起共賞美景。但見祂聖顏愁雲籠罩，眼含淚珠。大家非常驚奇，又見祂身軀來回擺動，如樹枝在暴風雨中搖曳。顫動的嘴唇裡忽然發出號啕的哭聲，好像發自破碎的心靈深處。此時眾天使看到的是何等的景象啊！他們所愛戴的元帥竟流淚了！熱烈的群眾正隨著救主高聲歡呼，並在祂面前揮舞棕樹枝，護送祂到榮耀的聖城中去，滿心希望祂即將榮登王位。這時忽然看見這種情形，又將有何等的感想？耶穌在拉撒路的墳前哀哭過，但那是由於同情人類的禍患而生發的神聖悲慟。但這次痛哭，正像插入凱旋歌曲中的一聲悲嘆。在這快樂的情景中，正當眾人都向祂致敬時，以色列的王竟然流淚了，這不是喜極而泣的眼淚，而是情不自禁的悲痛的眼淚和呻吟。眾人因而也突然憂鬱起來。他們的頌讚聲止住了。許多人因這莫明其妙的憂愁，也同情地哭了。

耶穌並不是因感到自己的痛苦而流淚。客西馬尼園正在眼前，那裡不久將有大黑暗的恐怖籠罩著祂。羊門也在眼前，多少世紀以來，一切作為祭物的牲畜都由此被牽到宰殺之地。這門將要為祂敞開。祂是一切祭物所預表的，為世人的罪而獻上的大犧牲。祂不久就要經過這門了。髑髏地也在附近，那裡將是祂的受難之地。然而救贖主不是因看見這些地方，想起臨到自己殘酷的死亡而心靈憂傷、悲哀痛哭。祂的憂傷不是為一己之私。縱使祂想到自己受苦的事，祂那慷慨犧牲的心也不會因而膽怯的。那刺透耶穌之心的，是祂眼前耶路撒冷的情景——那拒絕上帝的兒子，藐視祂慈愛的耶路撒冷；就是那不肯信服祂許多偉大的神蹟，反而將要殺害祂的耶路撒冷。耶穌看到耶路撒冷正在犯拒絕救贖主的罪，又想到如果她接受了那唯一能醫治她創傷的主，她將有何等不同的結果。耶穌之來，原是為拯救耶路撒冷，祂怎麼捨得放棄她呢？

以色列一向是蒙恩的子民。上帝曾以他們的聖殿為祂的居所；她「居高華美，為全地所喜悅。」（詩四八：2）那裡有一千多年的歷史記載著基督的保守、照顧和慈愛，如同父親懷抱著獨生子一般。在聖殿裡，眾先知曾發出莊嚴的警告。那裡有焚著的香，煙雲繚繞，與敬拜者的祈禱一同升到上帝面前。那裡有犧牲的血，就是基督寶血的預表，不住地流著。那裡的施恩座上耶和華的榮光曾經顯現。那裡有祭司供職，表號和禮節的盛典也已行了多少世代。但這一切都必須有終止的一天。

耶穌舉起了祂的手——那多次為患病和受苦之人祝福的手——指著這註定遭劫的城邑，飲泣吞聲地感嘆道：「巴不得你在這日子知道關係你平安的事！」一說到這裡，救主就止住了。關於耶路撒冷如果接受上帝所要給她的幫助就是接受祂的愛子，那她該是何等的光景，耶穌沒有說出來。如果耶路撒冷知道她所該知道的事，並留意上天所賜給她的亮光，她就可以堅立興盛成為列國的皇后，並因天賜的能力大享自由。這樣，就不會有武裝的外國士兵駐守她的城門，也不會有羅馬的軍旗飄揚在她的城牆上了。耶路撒冷若接受了她的救贖主，她所可能享有的光輝前景，此時就立刻活現在上帝的兒子面前。耶穌看到耶路撒冷原可靠祂治好她嚴重的病患，解除她的束縛，並被建立為地上偉大的首都。從她牆垣內必有和平之鴿飛往列國，她就必成為全世界榮耀的冠冕。

耶路撒冷可能達到的光明遠景，隨即從救主眼中消逝。祂深知這首都現在處於羅馬人的鐵蹄和上帝的震怒之下，註定要受到報應的。於是祂繼續悲哀地說：「無奈這事現在是隱藏的，叫你的眼看不出來。因為日子將到，你的仇敵必築起土壘，周遭環繞你，四面困住你。並要掃滅你和你裡頭的兒女，連一塊石頭也不留在石頭上，因你不知道眷顧你的時候。」

基督來，原是要拯救耶路撒冷和她兒女的，但法利賽人的驕傲、偽善、嫉妒和仇恨攔阻了祂，使祂無法實現宿願。耶穌知道可怕的報應，必臨到這註定遭劫的城邑。祂看到耶路撒冷將來被敵軍包圍，被困的居民陷於飢餓和死亡之中；作母親的吃自己死了的孩子；因天性的感情被飢餓的痛苦所勝，父母子女竟彼此搶奪最後一口食物。祂看出猶太人在拒絕祂救恩時所表現的頑梗不化，也要使他們不肯向敵軍投降。祂看到髑髏地，就是自己行將受難之處，有無數的十字架林立。祂看到其中可憐的居民在酷刑架上和十字架上受苦。美麗的宮院毀於一旦，聖殿成了廢墟，高大的城牆竟沒一塊石頭疊在另一塊上，而全城像一片犁過的荒地。救主看到這幅可怕的景象怎能不痛哭呢？

耶路撒冷原是耶穌所眷顧的孩子，祂為這可愛的城痛哭，正如慈愛的父親為悖逆的兒子悲傷一般。「我怎能放棄你呢？我怎能見你歸於毀滅呢？難道我必須任你把壞事作絕嗎？」與人的生命價值相比，全世界都顯得無足輕重，微不足道，何況這裡將要失喪的是通國的人呢！夕陽西下時，耶路撒冷的恩典期限便要到期了。當進城的行列還停留在橄欖山上時，耶路撒冷還有悔改的機會。那時，上帝施恩的天使，正合攏翅膀，要從精金的寶座上下來，讓位給執行審判的使者；這審判即將迅速來臨。耶路撒冷雖然無視基督的恩典，藐視祂的警告，甚至雙手將要染上主的鮮血，但基督寬宏的愛心仍在為耶路撒冷代求。只要她現在悔改，尚為時不晚。當夕陽餘輝依依不捨地照在殿頂和城樓之上時，是否還有哪一個好心的天使帶她到救主的恩愛之下，扭轉她的厄運呢？這美麗而不聖潔的城邑，曾用石頭打死先知，曾拒絕上帝的兒子，如今頑梗不化，把自己牢牢地用鐐銬鎖住。她蒙憐恤的日子即將過去了！

此時，上帝的靈要再度向耶路撒冷說話：在這一天尚未過去之前，還要為基督作個見證，見證的話要與古代先知的預言相呼應。如果耶路撒冷肯聽從這呼聲而接受這位進城的救主，她還是可以得救的。

耶路撒冷的官長們已聽到消息，說耶穌帶著一大群人要進城來了。但他們並不準備歡迎上帝的兒子。他們懷著恐懼的心去迎祂，企圖將群眾驅散。當那行列正要從橄欖山上下來時，這些官長把他們攔住了。質問這麼喧譁的歡聲到底是為什麼。當他們問「這是誰」的時候，門徒被聖靈充滿，回答了這個問題。他們用動人的口才引證了有關基督的預言：

亞當要告訴你們：「這是打傷蛇頭的女人的後裔。」

且問亞伯拉罕，祂要告訴你們：這是「撒冷王麥基洗德」，和平之王（創一四：18）。

雅各要告訴你們：祂是「猶大支派的細羅」。

以賽亞要告訴你們：祂是「以馬內利」，「奇妙、策士、全能的上帝、永在的父、和平的君。」（賽七：14；九：6）

耶利米告訴你們：祂是大衛的苗裔，「耶和華我們的義」。（耶二三：6）

但以理要告訴你們：祂是「彌賽亞」。

何西阿要告訴你們：祂是「耶和華萬軍之上帝；耶和華是祂可記念的名。」（何一二：5）

施洗約翰要告訴你們：祂是「上帝的羔羊，除去世人罪孽的。」

（約一：29）

至大的耶和華從祂的寶座上宣布說：「這是我的愛子。」（太三：17）

我們作祂門徒的宣揚：「這是耶穌，是彌賽亞，是生命的君，是世界的救贖主。」

黑暗勢力的王承認祂，說：「我知道你是誰，乃是上帝的聖者。」（可一：24）

第伍章
註定遭劫的百姓。

本章根據：可一一：11~14、20、21；太二一：17~19。

基督騎驢榮進耶路撒冷，乃是隱約地預指祂將來要帶著能力和榮耀，在天使的凱歌和聖徒的喜樂中，駕雲降臨。那時，基督向祭司們和法利賽人所說的話，就必應驗，祂說：「從今以後，你們不得再見我，直等到你們說：『奉主名來的，是應當稱頌的。』」（太二三：39）先知撒迦利亞曾在異象中蒙主指示那最後凱旋的大日；他也曾看到在基督第一次降臨時期，那些拒絕祂之人的厄運：「他們必仰望我，就是他們所扎的；必為我悲哀，如喪獨生子，又為我愁苦，如喪長子。」（亞一二：10）當基督看見耶路撒冷而為她哀哭時，祂已預見這幅景象。祂在古耶路撒冷的傾覆中，看到那些流上帝兒子之血的人最後的毀滅。

門徒曾看出猶太人對基督所懷的仇恨，可是還沒有看出這種仇恨的結果。他們還不明白以色列的真實情況，也沒有預料到那行將臨到耶路撒冷的報應。所以基督就用一個意義深長的比喻將這事向他們說明。

耶路撒冷所聽到的最後勸告，終究歸於徒然。祭司和官長們已經聽見群眾引用古代先知的預言來回答「這是誰」。但他們不認為這是出於聖靈的感動。他們反倒惱怒、驚慌地想制止百姓的聲音。當時也有羅馬的官長在群眾之中，耶穌的仇敵就向他們控告耶穌是叛亂的首領。他們詭稱耶穌要佔領聖殿，並要在耶路撒冷作王。

耶穌再次聲明，祂來不是要建立屬世的政權。祂那從容不迫的聲音使喧嚷的群眾一時鎮靜下來。祂又說，不久祂就要升到祂父親那裡去，那些控告祂的人就不得再見祂，直到祂在榮耀裡復臨的時候。到那時，他們便要承認祂，可是他們再想得救，已經遲了。耶穌說這些話是帶著憂傷的心情和非常的威權的。羅馬的官長靜默無言，心平氣和了。他們心中對上帝的感化雖然沒有認識，但這一次，心裡卻受了從未有過的感動。他們在耶穌鎮定而嚴肅的面容上，看到仁愛、慈善與溫和的尊嚴。他們不知不覺地對祂起了同情心。他們非但沒捉拿耶穌，反而想要對祂表示崇敬呢！於是他們轉過來指責祭司和官長們是造成擾亂的禍首。這些懊惱而失敗的領袖們，就去向民眾發怨言，並疾言厲色地自相爭論起來。

當時耶穌靜悄悄地到聖殿裡去，那裡寂靜無聲，因為在橄欖山上所發生的事，將大部分的民眾吸引去了。耶穌在那裡停留片刻，以憂傷的神色環視聖殿。然後同門徒出來，回伯大尼去。及至眾人尋找祂，想要立祂為王時，已找不著祂了。

耶穌整夜禱告，清晨又回聖殿裡去，祂在路上經過一個無花果園。祂餓了，「遠遠地看見一棵無花果樹，樹上有葉子，就往那裡去，或者在樹上可以找著什麼，到了樹下，竟找不著什麼，不過有葉子，因為不是收無花果的時候。」

除了某些地區之外，那時還不是無花果成熟的季節；所以耶路撒冷周遭的高原上，真可以說「不是收無花果的時候。」但在耶穌所到的這個果園裡，有一棵樹似乎比其他樹成熟更早，上面已長滿了葉子。無花果樹的特性是在長葉之前先結果子；因此，這棵樹既有茂盛的葉子，就表明它必有成熟的果子。其實它只是虛有其表。耶穌在樹上遍處尋找，竟「找不著什麼，不過有葉子。」除了許多虛飾的葉子之外，其他一無所有。

於是基督對這棵樹發出一句嚴厲的咒詛說：「從今以後，永沒有人吃你的果子。」第二天清晨，當救主和門徒再經過那裡進城的時候，這棵樹枯萎的枝條和下垂著的葉子，引起了他們的注意。彼得說：「拉比，請看！你所咒詛的無花果樹已經枯乾了。」

基督咒詛無花果樹的這一舉動令門徒驚異。在他們看來，這與祂平常的行事為人大不相同。他們常聽祂說，祂來不是要定世人的罪，乃是要叫世人因祂得救。他們記得祂的話：「人子來不是要滅人的性命。」（路九：56）祂所行的奇事，都是為了救人，從來不是要滅人的。門徒只知道祂是造就人的，醫治人的。唯有這一舉動不同。他們不禁發問：「這件事有什麼意義呢？」

上帝是「喜愛施恩」的（彌七：18）。「主耶和華說：『我指著我的永生起誓，我斷不喜悅惡人死亡。』」（結三三：11）在上帝，毀滅的工作和審判的責罰，乃是「奇異的事」（賽二八：21）。但上帝這次是本著慈愛和憐恤，把將來的一幕情景揭開，使人可以看到罪惡的終局。

耶穌咒詛無花果樹的事，是個活的比喻。那棵在基督面前誇大枝葉茂盛而不結果子的樹，正是猶太國的象徵。救主要向門徒說明以色列遭劫的緣由及其必然性，為此祂姑且把那棵樹當作個有品格的人，用它來闡明上帝的真理。猶太人與列國截然不同，他們自稱效忠於上帝。他們曾蒙上帝特別的眷愛，並以為自己的義行超過其他民族，卻因迷戀世俗、貪財牟利而敗壞了。他們誇耀自己的知識，殊不知他們對上帝的要求一無所知，並充滿了偽善。他們像那棵不結果子的樹，道岸貌然地鋪張著虛有其表的枝葉，看上去非常茂盛，美麗悅目，卻沒有結果子，「不過有葉子」。猶太人的宗教及其壯麗的殿宇、神聖的祭壇、聖衣聖冠的祭司和隆重的儀式，在外觀上雖然華美，但謙卑、仁愛和慈善的美德卻一樣也沒有。

固然，無花果園中其他樹都沒結果子，可是沒葉子的樹不會引起希望，故也不會令人失望。這些其他的樹代表外邦人。在敬虔方面他們雖然與猶太人一樣不結果子，但他們並不自稱是事奉上帝的人。他們沒有誇張自己格外善良。他們對上帝的作為和手段一無所知。在他們，還「不是收無花果的時候」。他們還在等待光明和希望的日子來到。猶太人則不然，他們已從上帝那裡領受極大的恩惠，故必須為濫用這些恩賜承擔責任。他們所引以自豪的特權，只能加重他們的罪責。

耶穌因飢餓，才到這棵無花果樹底下找食物。照樣，祂曾如飢似渴地來到以色列家，在他們身上尋找公義的果子。祂不惜在他們身上大施恩惠，希望他們結出果子來為人群造福。祂賜給他們各樣的機會和特權，希望在祂施恩的工作上得到他們的同情與合作。祂切望在祂們身上看到自我犧牲、慈悲、為上帝發熱心和對同胞得救的深切關懷。他們若遵守上帝的律法，就必能作成像基督所作的無私的工作。但愛上帝和愛人的心被驕傲自滿的心所淹沒了。他們因不肯為別人服務，終於自取敗亡。上帝所委託給他們的真理寶藏，他們沒有傳給世人。在這棵不結果子的樹上，他們該看出自己的罪和罪的刑罰。那棵被救主咒詛枯乾了的無花果樹，凋謝衰殘，從根枯乾，說明上帝從猶太人身上收回祂的恩典後，他們必有的結局。他們既不肯將福惠分給別人，就不讓他們再領受福惠了。主說：「以色列啊，你……自取敗壞。」（何一三：9）

這個警告是向各世代的人發的。基督咒詛祂用自己權能所造的樹，是對每個教會和每個基督徒所發的警告。一個真正實踐上帝律法的人，必然是為別人服務的。可惜現今有許多人不照基督的憐愛和無私的生活行事。許多人自認為是熱心的基督徒，卻還不明白什麼叫作事奉上帝。他們所計畫所研究的，都是投己所好；一切的行動都以自己為中心，認為只有能為自己撈好處的時間，才是寶貴的。人生的一切活動都是以此為目的。他們不是為民眾服務，而是為自己服務。上帝造人，讓他們活在世上，原是要人實行無私的服務，要他們盡可能幫助自己的同胞。他們反而把自己看得那麼大，甚至別的都看不見了。他們與人群脫了節。凡過自私生活的人就像那棵無花果樹，徒具虛偽的外表，卻不結果子。他們謹守禮拜的形式，卻沒有悔改，也沒有信心。他們口頭上尊崇上帝的律法，實際上並不順從律法。他們能說不能行。基督在咒詛無花果樹的話中，說明這無益的虛飾在祂眼中是何等可憎。祂更說，自稱是事奉上帝，而不結果子來榮耀祂的人，比公然犯罪的人更為有罪。

基督在未到耶路撒冷之前所講過的無花果樹比喻，與這次咒詛不結果子之樹的教訓有直接關聯。比喻講到那管園的為不結果子的樹求情說：「今年且留著。等我周遭掘開土，加上糞；以後若結果子便罷，不然，再把它砍了。」（路一三：8，9）對這不結果子的樹，管園的人要加倍照料，給它各樣的機會；但如果它還不結果子，就沒有什麼能救它免於毀滅了。比喻中並沒說明那園丁努力的結果，因結果全在於聽基督講比喻的人，那不結果子的樹正代表著他們，他們的命運是由自己決定的。上天所能賜的機會都已賜給他們了，可是他們並沒有利用這些增添的福惠。他們的結局能從基督所咒詛的那棵樹上看出來，他們已經決定了自己的滅亡。

一千多年來，猶太國一直在辜負上帝的憐憫，招致祂的刑罰。他們曾拒絕祂的警告，殺害祂的先知。基督時代的人對這些罪惡也要負責，因為他們重蹈了他們先祖的覆轍。他們拒絕了當時的憐愛和警告，這就足以定那個世代的罪。這樣，猶太國歷代鑄造的鐐銬，基督時代的人都緊緊地套在自己身上了。

對每個世代的人，上帝都給予領受真光和特權的機會，這是個寬容的時期，可與上帝和好。但這恩典是有期限的。上帝多年發出慈愛的呼聲，縱使長久被人藐視和拒絕；但總有一天上帝要發出最後一次勸告。那時，人心已變成鐵石，不再回應上帝聖靈的感動。於是那慈祥可親的聲音不再勸化罪人，責備和警告的聲音也就止息了。

這日子已經臨到耶路撒冷。耶穌只能為這註定遭劫的城邑哀哭，祂已用盡一切辦法。以色列既拒絕上帝聖靈的警告，就是拒絕了唯一的幫助。再沒有什麼其他能力可以救他們。

各世代都有藐視那以無窮慈愛呼喚的人；猶太國就是他們的象徵。基督為耶路撒冷哀哭時所流的淚，也是為各世代的罪人流的。凡拒絕上帝聖靈的責備和警告的人，可從那落在以色列頭上的審判來預測自己的罪狀。

在我們的世代，有許多人正在重蹈不信主之猶太人的覆轍。他們已見過上帝大能的顯現；也聽見過聖靈向他們良心說話的聲音；他們卻堅持不信和抵制的態度。上帝已經警告他們，責備他們；可是他們不肯承認錯誤，竟拒絕祂的信息和傳祂信息的人。上帝用以使他們回轉的方法反而成了他們的絆腳石。

上帝的眾先知為悖逆的以色列所恨惡，因為眾先知揭露了他們隱藏的罪惡。從前亞哈王視以利亞如世仇，因這先知忠實地指責了他祕密的罪惡。今日基督的僕人責備罪惡時，也必照樣遭遇藐視和反對。聖經的真理和基督的信仰是要經常逆著腐敗道德的濁流前進的。今日人心中的偏見比基督的日子更甚。基督沒滿足當代人的期望。祂的生活對他們的罪是一種譴責，因此他們拒絕祂。今日上帝聖言的真理同樣不迎合世人的習尚和本性的傾向，因此千萬人拒絕真理的光。世人為撒但所鼓動，懷疑上帝的話而照自己的主見行事。他們選擇黑暗，不愛光明，其實這樣行是在冒靈性死亡的危險。那些對基督的話吹毛求疵的人總可以找到更多辯駁的藉口，直到他們背離真理和生命為止。今日也是如此。上帝並未打算除掉屬血氣的人反對祂真理的每一個理由。對那些不肯接受那照耀在黑暗中的寶貴真光的人，上帝之話的奧祕，必永遠是難解的謎。因為真理對他們是隱藏著的。他們盲目而行，一點也不理會前面就是敗亡的結局。

基督在橄欖山的高峰上看到全世界，也看到各世代。祂當時說的話也適用於每個疏忽神恩呼召的人。藐視主愛的人啊！今天祂在對你說話：巴不得你今天知道關係到你平安的事。基督為你流了辛酸之淚，你倒不替自己難過。那使法利賽人敗壞的剛硬心腸，也在你心中表現出來了。每一神恩的憑據，每一神聖的光照，若不融化馴服人心，就會使不悔改的心更剛硬。

基督預見耶路撒冷必然依舊頑梗不化，死不悔改，然而她一切的罪戾和一切拒絕上帝憐愛的後果，都必要由她自己負責。凡是重蹈她覆轍的人也必如此。耶和華說：「以色列啊，你……自取敗壞。」「地啊，當聽！我必使災禍臨到這百姓，就是他們意念所結的果子，因為他們不聽從我的言語。至於我的訓誨，他們也厭棄了。」（何一三：9；耶六：19）

第陸章 再潔淨聖殿。

本章根據：太二一：12~16，23~46；路一九：45~48，二〇：1~19；
可一一：15~19，27~33；一二：1~12。

基督開始傳道時，曾趕出那些在聖殿作不聖潔交易，汙穢聖殿的人。祂那嚴厲的態度顯示了上帝的威儀，曾使那班狡猾的商人驚慌失措。現在祂的使命將近尾聲，祂再次來到聖殿，看見聖殿像先前一樣備受汙穢，並且有過之而無不及。聖殿的外院像個大牧場，牛鳴羊叫。銀錢的叮噹聲夾雜著不法商人間的爭吵聲，還有從事聖職者在講話。聖殿的權貴們自己也在作買賣，兌換銀錢，全被貪圖暴利的心所支配；在上帝眼中，不比盜賊好多少。

祭司和官長們一點也感覺不出他們工作的神聖意義。每逢逾越節和住棚節，宰殺的牲畜何止萬千，祭司將牲畜的血倒在祭壇底下。猶太人對祭血的事，已司空見慣，幾乎忘記是因罪的緣故，才需要流這麼多牲畜的血。他們既看不出這是預表上帝的愛子為世人的生命所流的血，更體會不到奉獻祭物是引人注意那被釘在十字架上的救贖主。

耶穌看著祭禮中這些無辜的犧牲品，見到猶太人每逢這些大節期只顧一味殘酷地殺生流血。他們不知自卑，不知悔改，反倒增加獻祭犧牲，好像是上帝能因無情的禮節而得尊榮似的。祭司和官長們因自私和貪財，心腸已硬如鐵石。他們用那預指上帝羔羊的表號作為大發橫財之道，因此獻祭禮節的神聖性在民眾眼中已被他們破壞。這種情形激起耶穌的義憤，祂知道祭司和長老們，對祂不久將要為世人的罪而流的血，一點也不會重視，就像他們對不住地流祭牲的血卻無動於衷一樣。

基督曾藉古代的先知斥責這種行為。撒母耳說：「耶和華喜悅燔祭和平安祭，豈如喜悅人聽從祂的話呢？聽命勝於獻祭；順從勝於公羊的脂油。」以賽亞在異象中看到猶太人的叛道，稱他們為所多瑪和蛾摩拉（罪惡城市）的官長，他說：「你們這所多瑪的官長啊，要聽耶和華的話！你們這蛾摩拉的百姓啊，要側耳聽我們上帝的訓誨！耶和華說：『你們所獻的許多祭物與我何益呢？公綿羊的燔祭和肥畜的脂油，我已經夠了。公牛的血，羊羔的血，公山羊的血，我都不喜悅。你們來朝見我，誰向你們討這些，使你們踐踏我的院宇呢？』」「你們要洗濯、自潔，從我眼前除掉你們的惡行；要止住作惡，學習行善，尋求公平，解救受欺壓的，給孤兒伸冤，為寡婦辨屈。」（撒上一五：22； 賽一：10 － 12 ， 16 ， 17）

那親自賜下這些預言的主，現在把這警告最後重述一次。民眾已經應驗了預言，宣布耶穌為以色列的王。祂已接受他們的崇敬和君王之位。現在祂必須憑這地位行事。祂雖然知道，要改革那腐敗的祭司制度的努力必歸徒然，但這番工作祂必須作：必須向那不信祂的百姓證明祂的使命是出於上帝。

耶穌銳利的目光再次環視那被褻瀆的聖殿庭院。眾人都轉過來望著祂。祭司和官長、法利賽人和外邦人，看見祂帶著天上君王的威嚴站在他們面前，都感覺驚恐、畏懼。神性透過人性閃耀出來了，基督身上便顯出從未有過的威儀和榮耀。那些靠祂站著的人趕緊向人群裡後退。除了幾個門徒之外，救主跟前無一人挨近。全場寂靜無聲，沉悶得令人膽寒。隨即基督憑祂的權能說話了，聲音如暴風雨震撼人心，說：「經上記著說：『我的殿必稱為禱告的殿，你們倒使它成為賊窩了。』」祂臉上所表露的不悅之色，猶如烈火。祂憑無上的威權吩咐他們：「把這些東西拿去！」（約二：16）

三年前，聖殿的官長們聽了耶穌的命令就嚇跑了，他們感到羞愧不已。事後，他們常怪自己為什麼懼怕，為什麼毫無反抗地服從了那麼一個卑微的人。他們覺得這有失體統的屈服是絕不會再重演的了。哪知這次他們比以前更驚慌、更快地服從了耶穌的命令。無一人敢質問祂仗著什麼權柄作這事。祭司和商人都趕著他們的牛羊從耶穌面前逃跑了。

他們從聖殿中逃出來，在路上遇見一群人帶著病患在問那位大醫師在什麼地方？逃跑的人將聖殿中剛發生的事告訴了他們，於是其中有些人轉身回去。他們聽說，單是祂的臉色就把祭司和官長們嚇跑了，所以不敢去見這麼有權力的一位。但還是有許多人從逃跑的人群中擠過去，熱切地要到主面前，因為祂是他們的唯一希望。當眾人從聖殿裡逃走時，也有不少人留在原地。現在那些新來的人和他們聚在一起。於是聖殿院內擠滿了患病和垂死的人，耶穌就再次為他們服務。

過一會兒，祭司和官長們壯了膽子又回到聖殿裡來。等到恐怖的情形緩和之後，他們就急切地想知道耶穌下一步的行動是什麼。他們料想祂會登上大衛的寶座。他們悄悄地回到聖殿裡，只聽見男女老幼同聲讚美上帝。他們進了院子，一望到那奇妙的景象就目瞪口呆，止步不前。他們看見病患得了痊癒，瞎子重見光明，聾子得以聽見，瘸子樂得直蹦。而最歡騰的還是一班孩子們。耶穌醫好了他們的疾病，把他們抱在懷裡；他們連連與祂親嘴來表示親熱，而且有些孩子正當祂教訓人時，在祂懷裡睡著了。如今這些孩子快樂地讚美祂。他們喊著前一天所喊的「和散那」，喜氣洋洋地在救主面前搖棕樹枝，放聲歡呼；聖殿院宇的回聲附和著他們的聲音：「奉耶和華名來的是應當稱頌的！」「看哪，你的王來到你這裡，祂是公義的，並且施行拯救！」（詩一一八：26；亞九：9）「和散那歸於大衛的子孫！」

聖殿的官長們聽見這些快樂和狂歡的聲音，就大不以為然。於是他們出手制止這樣的舉動，告訴百姓們說，上帝的院宇因兒童的腳步和歡樂的喊聲而玷汙了。官長們看見自己的話在百姓身上不生效，便對基督說：「這些人所說的，你聽見了嗎？」耶穌說：「是的，經上說：『你從嬰孩和吃奶的口中完全了讚美的話。』你們沒有念過嗎」先知曾預言基督要被稱為王，這話必須應驗。祭司和官長們既不肯宣揚祂的榮耀，上帝就感動兒童來作祂的見證人。如果兒童們靜默不言，殿中的石柱就必出聲讚美救主了。

法利賽人無言可答，不知所措。他們所不能威脅的那一位在控制著局面。耶穌自己是聖殿的保衛者。祂過去從來沒施用過這般君王的權柄。祂的話和作為從來沒發揮過這麼大的威力。從前祂雖然在耶路撒冷行過神蹟奇事，但從來沒像這次那麼莊嚴動人。祭司和官長們，不敢在那些看見耶穌奇妙作為的民眾面前公然反對祂。他們雖然因耶穌的回答大為惱怒並慌亂失措，但在那一天他們再沒有什麼作為了。

第二天上午，猶太公會開會討論對付耶穌的計策。三年前，他們曾要耶穌顯個神蹟證明自己是彌賽亞。從那時到現在，祂在猶太全地施行了大能的作為。祂曾醫治病患，神奇地給成千的人吃飽，在水面上行走，吩咐風浪平息。祂屢次洞察人心，凡事瞭若指掌，祂趕逐鬼魔，並叫死人復活。祂已經將彌賽亞身分的憑據，擺在官長們面前了。現在他們決定不要祂顯明權柄的神蹟，只要祂作出些承諾或聲明，好找把柄來定祂的罪。

於是他們回到聖殿，來到耶穌教訓人的地方，上前問祂說：「你仗著什麼權柄作這些事？給你這權柄的是誰呢？」他們希望祂聲明，祂的權柄是由上帝來的。這樣的聲明，他們是打算要否認的。但耶穌卻提出另一件事作為反問來應付他們，並以他們的回答為答覆他們問題的先決條件。祂說：「約翰的洗禮是從哪裡來的？是從天上來的？是從人間來的呢？」

祭司們感到自己陷入了兩難之間，用任何詭辯也無法脫身。若說約翰的洗禮是從天上來的，那就顯出他們是自相矛盾了。基督必要說，這樣你們為什麼不信呢？因為約翰曾為基督作見證說：「看哪，上帝的羔羊，除去世人罪孽的。」（約一：29）如果祭司們相信約翰的見證，他們怎能否認基督為彌賽亞呢？但如果他們講出他們內心實在的看法，說約翰的洗禮是從人間來的，他們就必惹起公憤，因為百姓都相信約翰是先知。

民眾很關切地等待著祭司們的回答。他們知道祭司們過去承認過約翰的工作，所以想他們這次必會毫無疑問地回答說，約翰是上帝所差來的。但是祭司們在一起祕密商議之後，決定不發表意見。於是他們假裝無知，說：「我們不知道。」基督說：「我也不告訴你們我仗著什麼權柄作這些事。」

文士、祭司和官長們啞口無言，張惶失措地皺著眉頭站在那裡，不敢再向基督發什麼問題。他們的怯懦和猶豫使他們威風掃地。現在眾人正站在旁邊竊笑地望著這些自高自傲、自稱為義的人失敗而好笑。

基督這一切的言論和作為都是重要的。其影響在祂被釘和升天之後愈長久愈深遠。許多迫切等待看結果的人，在這一天被祂的話所感動，終於成了祂的門徒，聖殿院子裡的這幅景象，是他們所銘心不忘的。耶穌和大祭司在一起對話時，兩者之間的對比非常明顯。那傲慢的聖殿長官身穿富麗華貴的服裝，頭戴光芒閃爍的冠冕；雖然他的態度是莊嚴的，高齡的白髮銀鬚令人望而生畏。在這威風凜凜的貴人面前所站著的天上之君，不戴裝飾、沒有炫耀。祂的衣服因征途而滿布塵土，面容憔悴枯槁，表露著堅韌的悲戚；祂那威嚴和仁慈的儀表，與大祭司那驕傲、自恃和惱怒的神色截然不同。許多在聖殿裡看到耶穌的作為，聽到祂言論的人，從那日起心中敬奉祂為上帝的先知。但輿論越是擁戴耶穌，祭司們對祂的仇恨就越發劇烈。祂為擺脫他們的網羅所顯示的智慧，雖然是證明祂神性的新憑據，卻使祭司們的仇恨火上加油。

基督與拉比們辯論，目的並不是要使他們難堪。祂並不樂於看見他們進退兩難。祂乃是要提出一個重要的教訓。基督讓祂的仇敵陷入自己所布置的網羅之中，使他們十分懊惱。他們既承認不知道約翰洗禮的來源，這就給基督一個講話的機會。祂便利用這機會，將他們實際的狀況向他們指明，在已經給他們的許多警告上，再加上一個警告。

祂說：「一個人有兩個兒子。他來對大兒子說：『我兒，你今天到葡萄園裡去作工。』他回答說：『我不去』，以後自己懊悔，就去了。又來對小兒子也是這樣說。他回答說：『父啊，我去』，他卻不去。你們想這兩個兒子，是哪一個遵行父命呢？」

基督驟然提出這問題，使聽的人沒能看出祂的用意，因只顧留意聽祂講這比喻，便隨口答道：「大兒子。」耶穌定睛望著他們，嚴厲而鄭重地對他們說：「我實在告訴你們：稅吏和娼妓倒比你們先進上帝的國。因為約翰遵著義路到你們這裡來，你們卻不信他；稅吏和娼妓倒信他。你們看見了，後來還是不懊悔去信他。」祭司和官長們不能不給基督的問題一個正確的答案，這樣祂就令他們發表一個讚許大兒子的意見。這個大兒子代表法利賽人所輕視、所憎惡的稅吏。稅吏是最沒道德的人，他們的確是犯了上帝的律法，他們的生活顯明他們是絕對抗拒上帝的命令，是忘恩負義、心不聖潔的。當他們被召到耶和華的葡萄園裡去作工時，他們傲慢地拒絕了。但當約翰來講論悔改和受洗的道理時，稅吏倒接受了他的信息並受了洗。

小兒子代表著猶太國的領導人物。固然，有一些法利賽人也悔改並領受過約翰的洗禮，但國內的領袖們卻不肯承認約翰是從上帝那裡來的。約翰的警告和斥責沒有使他們進行改革。他們也「沒有受過約翰的洗，竟為自己廢棄了上帝的旨意。」（路七：30）他們藐視約翰的信息，像那小兒子一樣，在被召的時候說：「父啊，我去，」卻沒有去。祭司和官長們雖然口頭上順從，但行為上卻沒有順從。他們誇耀自己的敬虔，自稱順從上帝的律法，其實他們的順從是虛偽的。稅吏是被法利賽人所摒棄並被斥責為不信之人；可是稅吏的信心和行為顯明，他們倒比那些被賜予極大的亮光而自以為義的人先進天國。因為那些人的行為與其口頭的虔誠根本不相符合。

祭司和官長們不願聽取這些深扎人心的真理，他們依然沉默無言，希望等耶穌說一些他們能用來告祂的話；其實，還有難受的話在後頭呢！

基督說：「你們再聽一個比喻：有個家主，栽了一座葡萄園，周圍圈上籬笆，裡面挖了一個壓酒池，蓋了一座樓，租給園戶，就往外國去了。收果子的時候近了，就打發僕人到園戶那裡去收果子。園戶拿住僕人，打了一個，殺了一個，用石頭打死一個。主人又打發別的僕人去，比先前更多，園戶還是照樣待他們。後來打發他的兒子到他們那裡去，意思說：『他們必尊敬我的兒子。』不料，園戶看見他兒子，就彼此說：『這是承受產業的。來吧！我們殺他，佔他的產業！』他們就拿住他，推出葡萄園外殺了。園主來的時候，要怎樣處治這些園戶呢？」

耶穌這問題原是向在場眾人發的，可是祭司和官長們回答說：「要下毒手除滅那些惡人，將葡萄園另租給那按著時候交果子的園戶。」說話的人起先還沒領悟到這比喻的寓意，現在卻看出他們已經宣布了自己的罪狀。在這比喻中，園主代表上帝，葡萄園代表猶太國。籬笆代表保護他們的上帝律法，高樓代表聖殿。園主為求葡萄園茂盛，曾盡一切努力。他說：「我為我葡萄園所作之外，還有什麼可作的呢？」（賽五：4）這說明了上帝對以色列人無微不至的照顧。園戶必須將應納的一份葡萄園的果子交還主人。照樣，上帝的子民也應當表現出與他們所受的神聖特權相應的生活，以此來榮耀上帝。園戶怎樣殺了主人差來收果子的僕人，照樣，猶太人也殺害了上帝所差來勸他們悔改的先知。前前後後的使者都被他們殺害了。這個比喻的寓意到此為止，用不著往下問了；而且以後如何，也一樣清楚可見。園主最後打發他愛子到抗命的園戶那裡，他們卻拿住他，把他殺了。祭司和官長們至此才明白，這正是耶穌將面臨遭遇的一個鮮明寫照。這時他們已經在謀算想要殺害天父所差來向他們作最後勸告的主。那落在忘恩負義的園戶頭上的種種報應，正是那些殺害基督之人的厄運。

救主很慈憐地望著他們，說下去：「經上寫著：『匠人所棄的石頭，已作了房角的頭塊石頭。這是主所作的，在我們眼中看為希奇。』這經你們沒有念過嗎？所以我告訴你們，上帝的國必從你們奪去，賜給那能結果子的百姓。誰掉在這石頭上，必要跌碎；這石頭掉在誰的身上，就要把誰砸得稀爛。」

這段預言是猶太人常在會堂裡念誦的，用來預表將要來的彌賽亞。基督是猶太制度和整個救恩計畫的房角石。猶太的建築家，就是以色列的祭司和官長們，現今正在丟棄這塊基石。救主叫他們注意那指明他們危險處境的預言。祂要盡到一切努力，用盡所有方法使他們看清自己將要作之事的性質。

基督的話還有個用意。祂有意地發問：「園主來的時候，要怎樣處置這些園戶呢？」「法利賽人的回答正是祂所要的答案。祂要他們定自己的罪。祂的警告既不能喚起他們悔改，就必註定他們的厄運。祂也要他們看出：他們的滅亡是咎由自取。祂誠心要他們看出：上帝收回猶太國的特權，是公義的。況且祂已經開始收回這些特權，其結果不但是他們的聖殿和聖城要遭到毀滅，而且全國民眾都要四散。

聽眾聽出了這個警告。祭司和官長們雖然才宣布了自己的罪狀，可是他們還在準備實行比喻中的話：「這是承受產業的。來吧！我們殺他。」「他們想要捉拿祂，只是怕眾人」，因為當時的輿論是擁戴基督的。

基督所引用的那被棄石頭的預言，是記在以色列史中的一件事實，發生在第一次建殿時。它特別適用於基督的第一次降臨，對猶太人是特別有力的勸告，但也是對我們的一個教訓。當所羅門王造聖殿時，建牆壁和根基的大石，全是在山上鑿成的，故運到建築工地時，就不再加工。石匠只要把它安放在適當位置上就好了。當一塊預備作根基卻尺寸不合或造形特殊的石頭運來時，石匠找不到合適的地位安放它，便棄於一旁不用。它長久擱置不用，礙手礙腳，令人厭煩，久而久之成了一塊被棄的石頭。等到建築師要安放房角石時，他們需要一塊有相當體積、硬度、並適合造形的石頭，好放在特定位置上承受壓在其上的重量。找了很久也沒有找到。如果不為這個重要方位選擇一塊合用的石頭，則整個建築就有倒塌的危險。他們必須找一塊能經得起烈日曝曬和風霜侵蝕的石頭。他們有幾次選了一些石頭，可是在極大的壓力下都壓碎了。另些石頭經不起氣候的突變。最後他們才注意到那塊久被丟棄的石頭。它曾露天開放許久，飽受烈日和風雨的侵蝕，但沒有一絲裂痕。建築師檢驗了這塊石頭，所有的條件都合格，但還要經一次試驗。如果受得起重大的壓力，便決定用它作房角石，通過試驗之後，就把這塊石頭放在指定的位置上，分毫不差，恰到好處。以賽亞在異象中得蒙指示，這塊石頭就是基督的預表。他說：

「但要尊萬軍之耶和華為聖，以祂為你們所當怕的、所當畏懼的。祂必作為聖所，卻向以色列兩家作絆腳的石頭、跌人的磐石；向耶路撒冷的居民作為圈套和網羅。許多人必在其上絆腳跌倒，而且跌碎，並陷入網羅被纏住。」先知在異象中看到基督第一次降臨時，祂將遭受種種試煉和考驗。而且在所羅門王建造聖殿時，那塊主要的房角石所有的遭遇正是預表了基督的經歷。「所以主耶和華如此說：『看哪，我在錫安放一塊石頭作為根基，是試驗過的石頭，是穩固根基，寶貴的房角石，信靠的人必不著急。』」（賽八：13－15；二八：16）。

上帝以祂無窮的智慧，揀選並親自安放了這塊基石，並稱之為「穩固的根基」。全世界的人類盡可以把他們的重擔和憂患放在其上，它足能擔當一切。他們盡可以放心地在其上進行建造。基督是「試驗過的石頭」，凡信靠祂的人，祂總不使他們失望。祂已經受各種考驗。祂已承受了亞當的罪擔和他子子孫孫的罪擔，祂不僅得勝了那惡者的權勢，並且得勝有餘。每個悔改的罪人放在祂身上的重擔，祂都肩負起來了。有罪的人在基督裡得了拯救。祂是穩固的根基，凡倚靠祂的有絕對的安全。

在以賽亞的預言中，基督被稱為穩固的根基，也被稱為絆腳的石頭。使徒彼得受聖靈的感動，在他的書信中清楚地說明了基督對哪一些人是房角的石頭，對哪一些人是跌人的磐石。他說：

「你們若嘗過主恩的滋味，就必如此。主乃活石，固然是被人所棄的，卻是被上帝所揀選、所寶貴的。你們來到主面前，也就像活石，被建造成為靈宮，作聖潔的祭司，藉著耶穌基督奉獻上帝所悅納的靈祭。因為經上說：『看哪，我把所揀選、所寶貴的房角石安放在錫安，信靠祂的人必不至於羞愧。』所以，祂在你們信的人就為寶貴，在那不信的人有話說：『匠人所棄的石頭已作了房角的頭塊石頭。』又說：『作了絆腳的石頭，跌人的磐石。』他們既不順從，就在道理上絆跌。」（彼前二：3－8）

對相信的人，基督是穩固的根基。這些人就是跌在磐石上而且跌碎的。這就是歸順基督並相信祂的人所必有的經驗。跌在磐石上而且跌碎，就是放棄自以為義的心，而存著小孩子般的謙卑來到基督面前，悔改我們的過犯，並且相信祂赦罪之愛。照樣，我們也因著信心和順從，以基督為根基，並在其上建造。

猶太人和外邦人都可以在這活石上建造。這是唯一的根基，我們可以穩固地造在其上。這石頭廣大無邊，足供人人使用；堅強有力，能負荷全世界罪擔的重量。藉著與活基石基督相聯合，凡在這根基上建造的人，也就成了活石。許多人想靠自己的努力來斧削、琢磨、裝飾自己，但因為沒有與基督聯合，就不能成為「活石」。沒有這種聯合，就沒有人能得救。若沒有基督的生命在我們裡面，我們就經不起試探的風暴。我們永久的安全，有賴於我們是不是建造在穩固的根基之上。今日許多人建造在一些沒有經過試驗的根基上，於是在雨淋、風吹、水沖時，他們的房子就倒塌了。這是因為沒有建造在那萬古的磐石、房角的頭塊石頭基督耶穌身上。

「他們既不順從，就在道理上絆跌。」基督是一塊跌人的磐石。但「匠人所棄的石頭，已作了房角的頭塊石頭。」基督像那被棄的石頭一樣，祂在地上作工時，曾被人輕視，受人凌辱。「祂被藐視，被人厭棄，多受痛苦，常經憂患。祂被藐視，……我們也不尊重祂。」（賽五三：3）但祂得榮耀的時候近了，祂因從死裡復活「以大能顯明是上帝的兒子」（羅一：4）。在祂第二次降臨時，就要顯現為天地的主宰。到那日，那些現在準備釘死祂的人必承認祂的偉大。在全宇宙之前，那被棄的石頭要成為房角的頭塊石頭。

「這石頭掉在誰的身上，就要把誰砸得稀爛。」那些拒絕基督的人，不久就要看見他們的聖城和國家全被毀滅了。他們的榮耀就要消失，正如灰塵被風吹散一樣。而那使猶太人滅亡的是什麼呢？就是那塊磐石。如果他們建造在其上，他們原是可以得到安全的。他們之所以滅亡，是因為他們藐視上帝的良善，拒絕祂的公義，輕視祂的憐愛。人自處於敵對上帝的立場，以致本來足以拯救他們的，卻轉而把他們毀滅了。上帝預定賜他們生命的事，反而使他們死亡了。猶太人釘死基督同耶路撒冷的毀滅有直接的關係。在髑髏地流的血既歸到他們身上，其分量之重，足以使他們今生來生永遠陷在滅亡的深淵之中。在那最後的大日也必如此。當審判臨到那些拒絕上帝恩典之人時，他們所棄絕的磐石基督，倒要向他們顯現為一座報應的大山。祂臉上的榮光，對義人是生命，對惡人卻是烈火。罪人之所以滅亡，乃是因為拒絕了上帝的慈愛，藐視了祂的恩典。

耶穌用許多比喻和屢次警告，說明了猶太人拒絕上帝的兒子所必有的結果。祂也用這些話來警告各世代一切不肯接受祂為救贖主的人。每一個警告都是向他們發的。那被汙穢了的聖殿，不順從的兒子，凶惡的園戶，傲慢的建造者，在每個罪人的經驗上都有其相對應的實際。人若不悔改，比喻中所預示的厄運必然成為他的結局。

第柒章
智慧的應答。

本章根據：太二二：15~46；可一二：13~40；路二〇：20~47。

祭司和官長們沉默地聽著基督尖銳的譴責，無言反駁。但這只能使他們更堅決地要害祂。於是他們「打發奸細裝作好人，要在祂的話上得把柄，好將祂交在巡撫的政權之下。」他們不打發那些與耶穌時常見面的年老法利賽人，卻打發一些表現得又誠懇又熱心，並認為是基督所不認識的青年人。另外，還有幾個希律黨的人與他們同去，以便聽取基督的話，好在基督受審時，作見證告祂。過去法利賽人對希律黨的人恨之入骨，現在卻聯合起來，與基督為敵。

法利賽人對羅馬人向他們徵收捐稅一直不服。他們認為納稅是背離上帝的律法。現在他們看出一個機會來布置網羅陷害耶穌。於是奸細們來到耶穌面前，裝出誠懇的姿態，好像是要知道自己的本分似的，問祂說：「夫子，我們曉得你所講、所傳都是正道，也不取人的外貌，乃是誠誠實實傳上帝的道。我們納稅給該撒，可以不可以？」

「我們曉得你所講、所傳都是正道。」如果他們說這句話是出於誠心，那倒是個了不起的表白。可惜他們說這話是為了掩飾，然而他們的見證卻是真的。法利賽人原來知道基督所講、所傳都是正道，憑著他們自己的見證就足以定他們的罪了。

那些向耶穌發問的人，自以為充分掩飾了自己的陰謀，但耶穌對他們的內心瞭若指掌；即刻揭穿他們的偽善說：「你們為什麼試探我？」這就是給了他們所不曾要求的信號，向他們表明祂早已看穿他們的詭計。當耶穌又加上一句說：「拿一個銀錢來給我看」時，他們更惶惑不定了。及至拿了錢來，祂就問他們，說：「這像和這號是誰的？」他們說：「是該撒的。」耶穌便指著錢幣上的像說：「這樣，該撒的物當歸給該撒，上帝的物當歸給上帝。」

奸細們曾希望耶穌直接答覆他們的問題，或說可以或說不可以。如果祂說納稅給該撒是不合法的，他們就要報告羅馬當局來捉拿祂，辦祂煽動叛亂的罪。如果祂說納稅是合法的，他們就要向百姓說祂反對上帝的律法。可是現在他們已明顯感到自己受挫，徹底失敗了。他們的計畫打亂了。他們的問題既得到直截了當地解決，就再沒什麼話可說的了。

基督的回答並不是迴避，而是對這個問題的明確的答覆。祂手中拿著鑄有該撒名號和肖像的羅馬錢幣，說明他們既然處於羅馬帝國的保護之下，只要這義務不與更高的義務有衝突，就當繳納給這政權的黨派。不過，當他們安分守己地服從國家的律法時，應時時不忘以盡忠上帝為第一要務。

「上帝的物當歸給上帝，」救主說的這句話，對陰謀害祂的猶太人是一種嚴厲的責備。如果他們忠心地履行了對上帝的本分，他們的國家就不至於四分五裂，臣服於異邦的權勢之下。羅馬的旗幟就不會飄揚於耶路撒冷城樓上，羅馬的哨兵就不會站在城門口，羅馬巡撫也不會行使主權於城垣之內。猶太國這時正在為叛離上帝的罪而受罰。

法利賽人聽見基督的回答，「就希奇，離開祂走了。」基督責備了他們的偽善和自恃，同時指明一個偉大的原則，這原則將人對地上政府的本分，與對上帝的本分，清楚地劃分出來了。於是許多人心中的難題得到解決，從此他們就堅守這個正確的原則；雖然另外有些人不滿意地走了，但他們也看出，這問題的基本原則，已由基督清楚地講明。他們對基督這遠見卓識，甚為希奇。

法利賽人剛剛閉口，撒都該人就上來提出他們狡猾的問題。本來這兩派彼此對立的情形是非常嚴重的。法利賽人好墨守遺傳。他們對外表的儀式非常嚴格，在洗濯、禁食的事上很是拘泥。禱告則長篇大論，施捨作給人看。但基督說，他們是將人的吩咐當作道理教訓人，而離棄了上帝的誡命。他們是一派固執、偏見、假冒為善的人。然而其中也有些真實虔誠的人，接受基督的教訓，作了祂的門徒。撒都該人則不顧法利賽人的遺傳，自稱相信聖經大部分內容，並以聖經為行事的準則；但事實上，他們都是懷疑派和實利主義者。

撒都該人否認有天使存在，否認死人復活，否認來生和來生的賞罰等真理。在這幾點上，他們的看法與法利賽人完全不同。尤其是復活的問題，更是兩派之間常辯論的焦點。法利賽人堅信復活，可是在辯論時，他們對來生的情況所有的見解顯然是混亂的。死亡是他們所不能解釋的謎。他們在應付撒都該人提出的論據時所表現的無能，常使他們感到煩惱。兩派之間的討論，往往是一場疾言厲色的爭辯。每經一次辯論，他們中間的距離就拉大一步。

撒都該派在人數上遠不如他們的對手，在一般百姓身上也沒有對方那麼大的影響力。然而他們許多人很富有，因而有財富所賦予的影響。這一黨包括大多數祭司，大祭司也常是由他們中間選出的。雖然如此，他們的被選是有條件的，就是他們不能強調他們那種懷疑的意見。由於法利賽人的人多勢眾，撒都該人擔任祭司位分時，就必須在表面上遷就法利賽人的信仰。可是實際上他們既有資格被選擔任這職分，他們的謬論總不免對法利賽人發生一定的影響。

撒都該人拒絕耶穌的教訓；他們不肯承認祂所表現的行動是出自於聖靈；祂有關上帝和來世的教訓也與他們的理論水火不容。他們承認唯有上帝比人類優越；可是他們認為天意的支配和上帝的先見否定了人類的自由權，以致把人降低到奴隸的地位。他們相信上帝造了人類之後，就任憑人自己作主，不受任何更高影響的支配。他們認為人可以自由管理自己的生活，左右世界的局勢；而且人的命運掌握在自己手中。他們不承認上帝的聖靈能透過人的努力或天然媒介來工作。他們認為人若正當地利用天賦的能力，就能自行超升，走出迷津；藉著拘謹嚴格的修身，人生就能得淨化。

撒都該人對上帝的理念影響了他們的品格。在他們看來，上帝對人類是漠不關心的，所以他們也不彼此尊重、互相團結。他們既不承認聖靈在人的行為上有什麼影響，他們的生活就沒有聖靈的能力。他們像其他猶太人一樣，以亞伯拉罕子孫的身分自傲，並以嚴守律法規條自豪。至於律法的真精神和亞伯拉罕的信心、善行，他們卻一點也沒學到。他們天賦的同情心只限於狹窄範圍之內。他們相信人人都能獲得人生的享受和福樂，故對他人的窮乏和苦難，毫不在意。他們活著是為了自己。

基督在言語和行為上都證明自己有超自然的神聖能力，證明今生之後還有來世，又證明有一位隨時注意關心世人福樂的天父上帝存在。基督在善行和慈愛上顯明有神聖能力在運行，以此責備了撒都該人的自私和自尊的作風。基督教導人們，上帝為了人類今生及來生的益處，常藉聖靈感動人心，指明倚靠人自己的力量來改造品格是錯誤的，這工作只有靠上帝的靈才能成功。

撒都該人決心推翻基督的這些教訓。他們伺機詰責耶穌，滿有把握地以為縱然不能定祂的罪，至少能使祂聲名掃地。他們決定拿復活的問題來為難祂。如果祂贊同他們的意見，祂就會更觸犯法利賽人。如果祂不贊同，他們就要當眾譏誚祂的教訓。

根據撒都該人的揣測，將來那不朽壞的身體如果必由現在能朽壞的質料所組成，則死人復活之後必仍有血肉之體，必在永恆的世界中恢復在地上中斷了的生活。他們想若是這樣，地上的人倫關係也必恢復，夫妻重聚，嫁娶之事照常進行。凡事如生前一樣，甚至今世人類的弱點和情欲都要在來生繼續下去。

耶穌回答他們的問題時，就把來生的帷幕揭開了。祂說：「當復活的時候，人也不娶，也不嫁，乃像天上的使者一樣。」祂指明撒都該人的信念是錯誤的，他們的根據是虛空的。祂又說：「你們錯了，因為不明白聖經，也不曉得上帝的大能。」祂沒有責備他們假冒為善像責備法利賽人一樣，只是責備他們在信念上有錯誤。

撒都該人曾誇耀，他們遵守聖經的教訓在眾人中最為嚴格。但是耶穌卻指出他們不明白聖經的真義。這種知識必須靠聖靈的光照才能深入人心。他說，不明白聖經和上帝的大能，就是他們信仰混亂、心靈昏昧的原因。他們想把上帝的奧祕限制在他們有限的理智範圍之內。基督要他們打開心門，注意那能使他們的知識更寬廣、更有力的神聖真理。如今千萬人成了無神主義者，就是因為他們有限的心智不明白上帝的奧祕。他們不能解釋天意所表現的奇妙神能，又不承認這神能的憑據，還想拿他們所更不明瞭的自然力來強作詭辯。那唯一能使我們明白一切奧祕的祕訣，是承認自然界中有上帝能力的存在。世人必須承認上帝是創造全宇宙的主，是指揮並掌管萬有的真神。他們必須放寬自己的眼界，去探索祂的品格和祂能力的奧祕。

基督向祂的聽眾聲明，如果死人不能復活，則他們所相信的聖經就沒有意義了。祂說：「論到死人復活，上帝在經上向你們所說的，你們沒有念過嗎？祂說：『我是亞伯拉罕的上帝，以撒的上帝，雅各的上帝。』上帝不是死人的上帝，乃是活人的上帝。」上帝把還沒有的事看作已經有了的。祂從起初看到末後，看到祂工作的果效，好像已經成就了一樣。耶和華所珍惜的死人，從亞當直到最後死了的聖徒，都必聽見上帝兒子的聲音，從墳墓裡出來承受永不朽壞的生命。上帝要作他們的上帝，他們要作祂的子民。在上帝和復活的聖徒之間，必有最親切的關係。上帝旨意所預期的這個情況，祂看作好像是已經存在的。在祂看來，死人是活著的。

撒都該人被基督說得啞口無言。他們不能回答祂。祂所說的話，沒有一句可以用來定祂的罪。祂的仇敵一無所獲，只得到百姓的輕視。

這時，法利賽人還不死心，他們仍想誘逼祂說話，好找把柄告祂。他們慫恿一個有學問的文士，去問耶穌在十條誡命中哪一條是最大、最重要的。

法利賽人重視那指明人對創造主的本分的頭四條誡命，過於那規定人對同胞之本分的後六條。結果，他們在實行敬虔的事上，大大失敗了。耶穌向百姓指出他們最大的缺乏，並教導他們說，樹是憑著果子來斷定好壞的，所以他們必須有好行為。因此就有人誣告，說耶穌更重視後六條誡命。

那律法師到耶穌面前，直截了當地問祂說：「誡命中哪是第一要緊的呢？」基督的回答是直接而有力的：「第一要緊的，就是說：以色列啊，你要聽，主我們上帝，是獨一的主。你要盡心、盡性、盡意、盡力愛主你的上帝。」基督又說，其次也與此相彷，並由此而生，就是「要愛人如己。再沒有比這兩條誡命更大的了。」「這兩

條誡命是律法和先知一切道理的總綱。」

十條誡命的頭四條，包含在「你要盡心愛主你的上帝」這一條總綱之內；後六條則包含在「你要愛鄰舍如同自己」之內。這兩條都顯示愛的原則。人不能守第一條而犯第二條，也不能守第二條而犯第一條。當上帝在我們心中作王時，我們就必讓我們的鄰舍得佔他應有的地位，就必愛他如同愛自己。我們唯有以愛上帝為至上，

才有不偏不倚地愛我們鄰舍的可能。

十條誡命既然包括在愛上帝和愛人這兩個大原則之內，誰犯了其中的一條，就是違犯了這個原則。於是基督教導祂的聽眾說，上帝的律法不是許多個別的條文；不能說其中哪一些極其重要，而另一些是次要的，可置之不顧而不至受罰。我們的主明說，前四條誡命和後六條誡命合起來是個神聖的整體。祂教訓人，愛上帝的心要表現在服從祂全部誡命的行為上。

那問耶穌的文士是精通律法的，聽見耶穌的回答不勝驚異。他沒想到耶穌對聖經會有那麼高深透徹的認識。他對神聖誡命的基本原則得到了更?廣的見解。於是他當著四圍的祭司和官長老老實實地承認，基督對律法的解釋是正確的，他說：

「夫子說，上帝是一位，實在不錯。除了祂以外，再沒有別的上帝，並且盡心、盡智、盡力愛祂，又愛人如己，就比一切燔祭和各樣祭祀好得多。」

基督的回答所顯示的智慧使文士衷心悅服。這文士確認：猶太人的宗教多注重外表的儀式，少注意內心的虔誠。他多少意識到，單是儀式的禮節和沒有信心的流血贖罪是沒有價值的。愛和順從上帝，以及無私地對待同胞，在他看來比一切禮節更有價值。這人那麼爽快地承認基督立論的正確，以及在眾人面前如此肯定而敏捷的回答，顯示他與祭司和官長的精神完全不同。這誠實的文士竟敢當著祭司們的怒視和官長們的威脅，說出他心中感服的話。耶穌對他深加垂憐，「見他回答得有智慧，就對他說：『你離上帝的國不遠了。』」

這位文士離上帝的國不遠，是因為他認識到公義的行為比一切燔祭和各樣祭祀更能蒙上帝悅納。不過他還需要認識基督神聖的品格，並因信靠祂而領受行義的能力。一切儀文的禮節，若不因活潑的信心而與基督結合起來，就毫無價值。即使是道德的法律，人若

不明白它與救主的關係，也必失去它的效用。基督再三說明，祂天父的律法不限於幾條威權性的命令，其意義實更深遠。律法所包括的原則與福音所顯明的原則本是一個。律法指明人的本分，並指出人的過犯，但人若要蒙赦免並得著能力去完成律法所命令的事，就必須仰望基督。

耶穌回答文士的問題時，法利賽人緊緊圍在旁邊。現在祂反過來問他們說：「論到基督，你們的意見如何？祂是誰的子孫呢？」耶穌發這個問題，是要測驗他們對彌賽亞的信仰看看他們是單單以祂為一個人，還是以祂為上帝的兒子。他們異口同聲回答：「是大衛的子孫。」這是預言給予彌賽亞的稱呼。當耶穌以大能的神蹟顯明祂的神性，醫治病患並叫死人復活時，眾人曾彼此對問說：「這不是大衛的子孫嗎？」敘利亞非尼基的婦人，瞎子巴底買以及許多其他人呼求祂幫助時，都曾喊叫說：「主啊，大衛的子孫，可憐我！」(太一五：22）當祂騎驢進耶路撒冷時，眾人夾道歡呼迎接祂，說：「和散那歸於大衛的子孫！奉主名來的，是應當稱頌的！」(太二一：9）那一天，小孩子在聖殿裡也唱著這快樂的歌。可是許多稱耶穌為大衛的子孫的人，還沒認明祂的神性。他們還不明白大衛的子孫就是上帝的兒子。

對基督是大衛的子孫這個說法，耶穌回答說：「這樣，大衛被聖靈感動，怎麼還稱祂為主，說：『主對我主說：你坐在我的右邊，等我把你仇敵放在你的腳下』？大衛既稱祂為主，祂怎麼又是大衛的子孫呢？」他們沒有一個人能回答一言。從那日以後，也沒有人敢再問祂什麼。

第捌章
法利賽人的八禍。

本章根據：太二三；可一二：41~44；路二〇：45~47；二一：1~4。

基督最後一天在聖殿裡教訓人時，聚集在耶路撒冷的人，都把注意力集中到祂身上來了。眾人擁擠在聖殿的院子裡，注意著那在進行中的辯論。他們都急切地想了解基督口中說出來的每一句話。這種情況是從來沒有過的。在那裡站著的是一位年輕的加利利人，祂沒有屬世的尊榮，也沒有王室的徽號。圍在祂周遭的是服裝華麗的祭司，穿長袍佩徽章的官長和手拿書卷，咬文嚼字的文士。耶穌以君王的威儀鎮靜地立在他們面前。祂賦有上天的威權，毫不畏縮地看著那些拒絕並輕視祂教訓，和迫不及待地想殺害祂的仇敵。他們成群地攻擊祂，但是他們過去所有用來陷害祂，定祂罪的陰謀都成了泡影。一次次的挑戰，祂都應付自如；祂提出純正光明的真理，與祭司和法利賽人的黑暗與謬誤，正好形成鮮明的對比。祂把這些領袖們的實際狀況和他們頑固不化的作風所必有的報應，都擺在他們面前。祂已忠實地警告了他們。但基督還要進行另一種工作。祂要達成另一個目的。

眾人對基督和祂工作的興趣一直有增無減。他們固然深為祂的教訓所感動，但也有大惑不解之處。因他們一向敬重祭司、拉比們的智能和他們表面的虔誠。在一切有關宗教的問題上，百姓們總是絕對服從他們的威權。現在眾人看見這些人竟在設法破壞耶穌的信譽，而這位教師的德行和知識在敵人的一次次襲擊下卻愈加光明。他們看見祭司和長老們彼此愁眉不展，臉拉得長長的，一副狼狽不堪的樣子。耶穌的教訓既如此清晰簡明，而官長們卻不肯相信，使他們實難理解。因此，他們不知道自己應取什麼態度。他們向來順從官長的指導，所以這時他們切切地注意這些人的一舉一動。

基督所講的比喻，目的在於警告官長們，同時也是在教導凡願意受教的百姓。但是祂還需要講得更明白一些，因為百姓還在尊重遺傳，並盲目地相信那腐敗的祭司制度，以致他們被奴化了。這些鎖鏈必須被剷斷；祭司、官長和法利賽人的真面目，必須更徹底地曝光。

耶穌說：「文士和法利賽人坐在摩西的位上，凡他們所吩咐你們的，你們都要謹守遵行；但不要效法他們的行為，因為他們能說不能行。」文士和法利賽人，稱自己賦有與摩西同等的神權。他們以律法的解釋者、民眾的審判者自居。因此，就要百姓絕對尊敬並順從他們。耶穌吩咐祂的聽眾，要遵行拉比們按著律法所教導他們的，卻不要效法他們的榜樣，因為他們並不實行自己的教訓。

他們的教訓有很多是與聖經不符的。耶穌說：「他們把難擔的重擔捆起來，擱在人的肩上，但自己一個指頭也不肯動。」法利賽人根據他們的遺傳，規定了無數的條文，並無理地限制個人的自由。他們曲解律法的某些部分，強令百姓遵行，而私下他們自己卻置之不理，甚至當要為己所用時，他們就宣稱自己可以例外。

顯揚自己的虔誠，是他們汲汲想追求的目的。為達此目的，他們就無所謂什麼神聖不神聖了。關於上帝的誡命，上帝曾對摩西說：「要繫在手上為記號，戴在額上為經文。」（申六：8）這些話具有深遠的意義。當默想並實行上帝的話時，整個人生將會更高尚。在施行公義和憐憫的作為上，人手必如印章一樣，顯明上帝律法的原則。他必擺手不行賄賂、腐敗和欺騙的事。他必積極地作仁愛和慈憐的事。他的眼睛既望著一個崇高的目標，就必看得更清楚更正確。他臉上的表情和眉宇間的神色，都足以證明一個熱愛並尊重上帝訓誨之人的無瑕無疵品格。但是基督時代的猶太人卻沒有認識到這一切。上帝給摩西的吩咐被曲解為必須將經文佩戴在身的指示。於是他們就照這話把經文寫在一條條羊皮上，用引人注目的款式佩戴在頭上和手腕上；但上帝的律法並沒有因此而更深刻地印在他們的心版上。這些裝飾不過是引人注意的徽號。他們想這樣就能使佩戴者有敬虔的氣派，好得民眾的敬重。耶穌給了這金玉其外的虛飾當頭一棒，說：

「他們一切所作的事都是要叫人看見，所以將佩戴的經文做寬了，衣裳的繸子做長了；喜愛筵席上的首座，會堂裡的高位；又喜愛人在街市上問他安，稱呼他拉比。但你們不要受拉比的稱呼，因為只有一位是你們的夫子，你們都是弟兄；也不要稱呼地上的人為父，因為只有一位是你們的父，就是在天上的父；也不要受師尊的稱呼，因為只有一位是你們的師尊，就是基督。」救主用這樣明白的話，揭穿了那總想取得地位和權勢的自私野心。外表偽裝謙卑，內心卻充滿了貪婪和嫉妒。人被請赴席時，賓客的座位是依其身分排列的，被請上坐者得享最優款待和特別尊敬。法利賽人總是設法得到這種尊敬。耶穌則斥責這種作法。

祂也責備貪圖「拉比」或師尊稱呼的虛榮心。祂明說，除了基督，任何人都不配受這種稱呼。祭司、文士、官長，以及一切解釋律法、執行律法的人，都是弟兄，都是同一位天父的兒女。耶穌要將這重要的教訓銘刻在眾人心中，不可給人任何頭銜來表示他有權控制人們的良心或信仰。

如果基督今日在地上，環繞祂周遭的是那些稱為「可敬畏的」或「最可敬畏的」人，（譯者按：英美基督教界慣用「可敬畏的」Reverend 和「最可敬畏的」Right Reverend 作為牧師和主教的尊稱。而該字在英文聖經中是用來形容上帝名字的。參見詩一一一：9）祂豈不要重述當日的話：你們「也不要受師尊的稱呼，因為只有一位是你們的師尊，就是基督」嗎？聖經宣布上帝的名「聖而可畏」（詩一一一：9），世界上誰能當得起這個稱呼呢？這尊稱所意味著的智慧和公義，一個渺小的人能表現出多少呢？有多少僭越這種稱呼的人，卻正對上帝的聖名和他的品德作不忠實的表現啊！在崇高聖潔職任的錦衣之下，常隱藏著多少庸俗的野心、獨裁的專制和卑劣的罪惡啊！救主繼續說：

「你們中間誰為大，誰就要作你們的用人。凡自高的，必降為卑；自卑的，必升為高。」基督曾一再教訓人說，真正的偉大是根據人的道德水準來衡量的。在上天的衡度中，人格的偉大在於為謀求同胞的福祉而生活，在於作仁愛和憐憫的工作。榮耀之君基督，做過墮落人類的僕人。（見路二二：27）

耶穌說：「你們這假冒為善的文士和法利賽人有禍了！因為你們正當人前，把天國的門關了，自己不進去，正要進去的人，你們也不容他們進去。」祭司和律法師曲解聖經，使許多人的心眼昏花。如果不是這樣，這些人自然會得到有關基督之國的知識，和真聖潔所必需的內在的神聖生命。

「你們這假冒為善的文士和法利賽人有禍了。因為你們侵吞寡婦的家產，假意作很長的禱告，所以要受更重的刑罰。」法利賽人在民間有很大的勢力，他們就藉此來謀取私利。他們獲得虔誠寡婦的信任之後，向她們說，奉獻財產作宗教用途是她們當盡的本分。既得了她們財產的管理權之後，這些老奸巨滑的偽君子就拿它來中飽私囊。他們在眾人面前作很長的禱告，大大誇張自己的虔誠來掩飾他們不誠實的行為。基督說，這種假冒為善必使他們受更重的刑罰。這同樣的斥責也要臨到現代許多自誇敬虔者身上。他們的人生被自私和貪婪所玷汙，而他們用一件似乎純潔的外衣，將這一切都遮蓋起來了。他們能欺騙世人於一時，但不能欺騙上帝。上帝洞察各人心中的意念，並要按各人的行為施行審判。

基督毫不留情地痛斥一切弊端，但也避免削減人當盡的義務。祂譴責勒索並盜用寡婦所獻禮物的自私行為，同時也褒揚那投兩個小錢於上帝銀庫裡的寡婦。雖然有人妄用捐款，但這並不能使奉獻的人不蒙上帝賜福。

耶穌坐在設奉獻箱的院子裡，看著眾人投錢入庫。有許多財主帶著大量的錢幣，以炫耀的態度投入箱內。耶穌看著他們就發愁，對他們大量的捐獻並不發表什麼意見。不一會兒，祂看見一個窮寡婦躊躇地前來，像怕被人看見似的，耶穌的臉上便露出了愉快的神色。當那些富足和傲慢的人上來投入他們的捐款時，寡婦倒退了幾步，很難鼓起勇氣走上前去。然而她渴望為她所愛的聖工盡一點微薄的力量。她看著手中的禮物，與周遭那些人的捐款相比，真是微乎其微，但這是她的全部資財。她守候機會，匆匆地投了兩個小錢，急忙轉身就走。但是這樣做的時候，她看見耶穌正定睛望著她。

救主叫門徒到跟前來，請他們注意這寡婦的貧窮。於是那寡婦聽見祂稱揚的話道：「我實在告訴你們，這窮寡婦投入庫裡的，比眾人所投的更多。」當寡婦感到自己所作的得到了理解和賞識時，她歡喜得熱淚盈眶，不勝激動。許多人勸她把這一點錢留為己用，況且這一點錢放在養尊處優的祭司手中，與許多投入銀庫的大量捐款混在一起，根本連影子也難看見。但耶穌明白她的動機。這婦人相信，聖殿的禮是上帝指定的，所以極願盡她的力量來維持。她已經盡了她的能力所及的，所以這件事要世世代代都紀念她的義舉，並在來生作她永遠的喜樂。她的心和她的禮物一起獻上了，其價值並不在於錢的多少，而在於那激勵她捐獻的愛上帝和關懷上帝聖工的心。

耶穌論到這窮寡婦說，她「投入庫裡的，比眾人所投的更多。」財主是拿自己多餘的錢財捐上，其中有許多是為了要人看見，要得人的尊敬。他們的大量捐款，並沒有使他們失去一點享樂，連他們的奢侈生活也未受半點影響，更談不到犧牲了。所以他們捐款的價值絕不能與寡婦的小錢相比。

動機決定行為的實質，說明我們所行的是卑鄙，還是高尚。上帝並不以那些眾目所看著的偉大，眾口所稱讚的大事為可貴。凡人樂意盡的小義務，不令人見的小奉獻，在人看來或許算不得什麼，但在上帝眼中卻是最有價值的。一顆信實仁愛的心，在上帝看來比最貴重的捐獻更寶貴。貧窮的寡婦已把她所有的生活費全拿來作奉獻。為要將那兩個小錢獻給她所愛的聖工，她竟犧牲了自己的飲食。她憑著信心去作，篤信天父不會忽略她迫切的需要。使她得到救主稱讚的，正是這種無私的精神和赤誠的信心。

在窮人之中，有許多人因領受了上帝的恩典和真理，而渴望向祂表示感激。他們極願與他們更富裕的弟兄們一起，共同維持上帝的聖工。誰都不應拒絕這樣的人；務要讓他們把自己的小錢積蓄在天國的銀庫裡。如果他們所奉獻的是出於一顆充滿愛上帝的心，那麼這區區之數就必成為神聖的奉獻和無價的貢物，是上帝所喜悅所重看的。

當耶穌說這寡婦「投入庫裡的，比眾人所投的更多」時，無論是在獻捐的動機上，還是在它的效果上，這句話都是確實的。因為被那兩個小錢引來，流進上帝銀庫裡的，其數目比那些猶太財主所獻的大多了。那區區捐款的影響正像一條河流，起初很細，但年代越久，就越流越廣，越流越深。同時這條河流曾以無數的方式幫助了窮人的需要，推展了福音的工作。這窮寡婦自我犧牲的榜樣，在各世代各國的千萬人心裡不斷起著巨大的作用。富人和窮人都受了感動，所以他們的奉獻就使她那小錢的價值日益增長了。上帝的恩典加在窮寡婦的小錢上，產生了很好的效果。凡出於誠心追求上帝的榮耀而獻的每一筆捐款，和所作的每一件事都是如此。它是與全能上帝的旨意聯結在一起的。它所成就的良好效果，不是世人所能衡量出來的。

救主繼續責備文士和法利賽人說：「你們這瞎眼領路的有禍了！你們說：『凡指著殿起誓的，這算不得什麼；只是凡指著殿中金子起誓的，他就該謹守。』你們這無知瞎眼的人哪！什麼是大的？是金子呢？還是叫金子成聖的殿呢？你們又說：『凡指著壇起誓的，這算不得什麼；只是凡指著壇上禮物起誓的，他就該謹守。』

你們這瞎眼的人哪！什麼是大的？是禮物呢？還是叫禮物成聖的壇呢？」祭司們照著自己虛偽狹窄的標準來解釋上帝的律例。他們擅自將各樣的罪拿來作比較，並規定許多精細的差別。他們將一些罪輕輕放過，而把另一些較輕的過犯看為不得赦免的罪。人給他們一些錢，他們就准許人背棄誓約。為了巨額的金錢，他們有時竟把重大的罪案放過了。但同時這些祭司和官長們，卻對一些無足輕重、無關宏旨的過錯作了嚴厲的判決。

「你們這假冒為善的文士和法利賽人有禍了！因為你們將薄荷、茴香、芹菜獻上十分之一，那律法上更重的事，就是公義、憐憫、信實反倒不行了。這更重的是你們當行的，那也是不可不行的。」基督在這幾句話裡又譴責了他們歪曲神聖職分的罪。至於義務的本身祂並沒有廢除。十分之一的制度是上帝所訂的，從古時就被人遵行。信心之父亞伯拉罕將他所有的一切獻上十分之一。猶太的官長們承認繳納十分之一的本分，這固然是不錯的，但是他們沒有讓百姓憑著自己的良心履行自己的本分。他們任意為每一件事定下規條，而且這些規條又是那麼複雜，以致人無法遵守；沒有人能知道自己什麼時候才算是盡到了義務。上帝所頒布的制度原是公正合理的，但祭司和拉比們卻使之成為難挑的重擔。

上帝一切的吩咐都是重要的。基督承認繳納十分之一是人的本分。但是祂指明不能以此作為忽略其他本分的藉口。法利賽人固然不爽地將自己田園中的菜蔬，像薄荷、茴香、芸香之類納上十分之一。這些所費有限，卻使他們得了嚴謹守法和聖潔無瑕的美名。同時，他們那種無謂的限制壓迫著百姓，破壞了他們對上帝親自制定之神聖制度的尊敬。他們用許多無關緊要的細節來佔據人的思想，使他們無法注意基本的真理。律法上更重要的事，就是公義、憐憫、信實，都被疏忽了。基督說：「這更重要的是你們當行的，那也是不可不行的。」

其他的律法也被拉比們同樣地歪曲了。上帝透過摩西所賜的指示，禁止人吃任何不潔淨之物。豬肉和某些其他動物的肉，一概在禁止之列。因食用的結果會使人的血素汙濁，壽命縮短。但上帝頒布的這些禁令，法利賽人沒按上帝的原意傳達出來，反而走向不必要的極端。他們訂了許多規條，其中一條要人過濾一切飲水，免得內中有不潔淨的小蟲。耶穌將這些細微的無理要求，與他們所犯的重大罪惡作個對比，向法利賽人說：「你們這瞎眼領路的，蠓蟲你們就濾出來，駱駝你們倒吞下去。」

「你們這假冒為善的文士和法利賽人有禍了！因為你們好像粉飾的墳墓，外面好看，裡面卻裝滿了死人的骨頭和一切的汙穢。」粉飾好看的墳墓怎樣隱藏其中腐爛的屍體，祭司和官長們照樣用聖潔的外表來隱藏他們的罪孽。耶穌繼續說：

「你們這假冒為善的文士和法利賽人有禍了！因為你們建造先知的墳，修飾義人的墓，說：『若是我們在我們祖宗的時候，必不和他們同流先知的血。』這就是你們自己證明是殺害先知者的子孫了。」猶太人為要表示對過去先知的尊敬，就非常熱心地修飾他們的墳墓。但他們從未由先知的教訓中得到益處，也不接受先知的責備。

在基督的時代，猶太人迷信地講究死人的安葬之處，在修飾墳墓的事上浪費大量金錢。在上帝看來，這就是拜偶像。他們過分敬重死人，顯明他們不以愛上帝為至上，也不愛鄰如己。這種拜偶像的風氣，今日依然盛行。許多人剝奪了孤兒寡婦和患病窮苦之人的權利，來給死人修建昂貴的紀念碑，在這樣的事上浪費時間、金錢、精力，而對活人應盡的本分，就是基督所明明吩咐的本分卻不奉行。

法利賽人建造先知的墳，修飾他們的墓，彼此說，若是我們在我們祖宗的時候，必不和他們同流上帝僕人的血。但同時他們在謀害上帝兒子的命！這應作為我們的教訓，足以打開我們的眼睛，使我們看清撒但欺騙人心，使人轉離真理之光的魔力。許多人重蹈法利賽人的覆轍。他們尊敬那些為信仰殉身的人。他們因猶大拒絕基督的盲目無知而驚奇，便說，如果我們生在基督的時代，我們必欣然領受祂的教訓，絕不會跟那些拒絕救主的人一同犯罪。但當他們要順從上帝而必須捨己受辱時，這些向來如此自誇的人便昧著良心不肯順從了。這樣，他們所表現的，恰恰是基督所責備的法利賽人的精神。

猶太人一點也沒看出來，他們拒絕基督所要負的責任是多麼可怕。自從惡人第一次流了無辜之人的血，就是從義人亞伯倒在該隱手下之時起，同樣的歷史慘劇一直在重演，而且愈演愈烈。在各世代都有先知大聲斥責君王、首領和庶民的罪惡，他們傳上帝所賜給他們的話，冒生命的危險順從上帝的旨意。拒絕真光和真理的人所應受的可怕刑罰，一代又一代地記錄在案，堆積成山。現在基督的仇敵正把這累積起來的刑罰堆在自己頭上。祭司和官長們的罪，比先前任何世代的罪更重。他們既拒絕了救主，就使世上一切義人所流的血，從亞伯直到基督，都歸到他們自己身上。他們即將惡貫滿盈，不久就有公義的報應傾在他們頭上。關於這一點，耶穌警告他們說：

「叫世上所流義人的血，都歸到你們身上，從義人亞伯的血起，直到你們在殿和壇中間所殺的巴拉加的兒子撒迦利亞的血為止。我實在告訴你們，這一切的罪，都要歸到這世代了。」

聽見耶穌講話的文士和法利賽人知道祂講的話是真的。他們知道先知撒迦利亞被殺的情形。當上帝警告的話還在撒迦利亞口中時，那叛道的王便勃然大怒，下令把先知處死。他的血流在聖殿院子裡的石頭上，血跡永遠不能磨滅，一直留在那裡作為以色列叛道的見證。聖殿存在一天，這義人的血跡就向上帝呼籲伸冤一天。當耶穌提到這些可怕的罪惡時，眾人都深感恐懼、震驚。

耶穌展望將來，聲明猶太人的不肯悔改，和對上帝僕人的不能容忍的態度，過去怎樣，將來還會是怎樣：

「所以我差遣先知和智慧人並文士到你們這裡來，有的你們要殺害，要釘十字架；有的你們要在會堂裡鞭打，從這城追逼到那城。」被聖靈充滿，大有信心的先知和智慧人——司提反、雅各和許多其他義人——將被定罪，並遭殺害。這時基督向天舉手，全身被一道神光環繞，以審判者的姿態站在眾人面前講話。一向是柔和勸告的話音，此時變成責備和判罪的聲調。聽眾為之發顫。祂的言語和神色給人的印象是永不磨滅的。

基督的義憤是針對那些既毀了自己，又欺騙他人，更汙辱了上帝的假冒為善、罪大惡極之徒。祂在祭司和官長們似是而非、自欺欺人的推論之中，看出撒但的伎倆。祂斥責罪惡，雖然言辭鋒利、不留餘地，但並沒說報復的話。祂固然對黑暗之君發義怒，卻沒有表現暴躁的性格。每個基督徒也當如此。他的生活若與上帝和諧，並具有仁愛和憐憫的美德，必對罪惡感到義憤填膺，卻不至於感情衝動，以辱罵還辱罵；甚至在受撒但勢力鼓動的人誣告時，仍能在基督裡保持鎮定沉著的風度。

上帝的兒子依依不捨地望著聖殿和聽眾，臉上不禁現出無限神聖的慈愛。祂心懷重憂，眼噙熱淚，聲音顫抖地說：「耶路撒冷啊，耶路撒冷啊！你常殺害先知，又用石頭打死那奉差遣到你這裡來的人，我多次願意聚集你的兒女，好像母雞把小雞聚集在翅膀底下，只是你們不願意。」這是最後分離的掙扎。上帝的心意也隨著基督的悲聲傾訴出來了。這是上帝恆久忍耐的慈愛的神祕告別。

法利賽人和撒都該人都啞口無言。耶穌召集門徒準備離開聖殿，並不像一個從敵人面前退卻的失敗者，卻像一個完成任務的人，以勝利者的姿態退出戰場。

在那重要的一天，從基督口中闡發出來的寶貝真理被多人珍藏在心。在這些人的生活中，喚醒了新的思想，生出了新的熱望，開始了新的紀元。在基督被釘和復活之後，這些人便出來站在前列，以一種與偉大聖工相稱的智慧和熱忱，完成了他們神聖的使命。他們所傳的訊息感動人心，削弱了那長期束縛著千萬人生活的古老迷信。人的理論和哲學在他們的見證之下，成了虛空的無稽之談。當日救主在耶路撒冷聖殿中，對那驚訝、緊張的會眾說的話所產生的重大效果，於此可見一斑。

但以色列作為一個國家，已經離棄了上帝，橄欖樹上原來的枝子已經折斷 （見羅一一：21）。耶穌最後看了看聖殿的內部，用悲哀憐憫的聲音說：「看哪，你們的家成為荒場，留給你們。我告訴你們：從今以後，你們不得再見我，直等到你們說：『奉主名來的，是應當稱頌的。』」以前祂常稱聖殿為祂父的居所；但如今，上帝的兒子要從那裡出來了。上帝的聖顏也要永遠離開那為榮耀祂而建造的聖殿。從此以後，聖殿中一切的儀式再無意義，一切的禮節再無用處了。

第玖章
在聖殿的外院中。

本章根據：約一二：20~43。

「那時，上來過節禮拜的人中，有幾個希利尼人。他們來見加利利伯賽大的腓力，求他說：『先生，我們願意見耶穌。』腓力去告訴安得烈，安得烈同腓力去告訴耶穌。」

這時，基督的工作表面上似乎是悲慘地失敗了。祂與祭司和法利賽人辯論雖然得了勝，但是很明顯，他們絕不會接受祂為彌賽亞。最後決裂的時候已到。在門徒看來，事情是沒什麼希望了。但基督的工作正在走向終局。那即將發生的大事，不僅關係到猶太國，而且關係到全世界。基督聽見「我們願意見耶穌」這個熱切的要求，回應著世人飢渴的呼聲，祂預先便容光煥發地說：「人子得榮耀的時候到了。」在這幾個希利尼人的要求中，祂預先看到了自己偉大犧牲的功效。

這些人在救主生命將要結束時，從西方來找祂，正如在祂降生時，幾個博士從東方來朝拜祂一樣。在基督降生時，猶太人沉湎於自己野心的迷夢中，竟不理會祂的來臨。博士們從異教之邦帶著禮物來到馬槽裡朝拜救主。照樣，這些希利尼人代表著世上的各國、各族、各民來見耶穌。各時代各地區的人都必被救主的十字架所吸引。這樣，「從東從西，將有許多人來，在天國裡與亞伯拉罕、以撒、雅各一同坐席。」（太八：11）

希利尼人聽說基督勝利進了耶路撒冷。當時傳說祂曾把祭司和官長們趕出聖殿，於是推想，祂行將登上大衛的寶座作以色列的王。這些希利尼人渴望知道有關祂使命的實情。他們說：「我們願意見耶穌」，他們的要求蒙允准了。當門徒將這要求告訴耶穌時，祂正在那只准猶太人進去的內院裡，於是祂走到外院去接見希利尼人，同他們會談。

基督得榮耀的時候到了。祂正在十字架的陰影之下，希利尼人的訪問向祂表明：祂行將付出的犧牲，必使許多兒女歸向上帝。祂知道這些希利尼人不久將要看見祂處於他們做夢也想不到的境遇中。他們將看見祂被放在殺人的強盜巴拉巴旁邊，就是猶太人當著上帝兒子的面，選擇要釋放的那個強盜。這些希利尼人也要聽見猶太人受祭司和官長們的鼓動，作這樣的選擇。對於以下的問題：「這樣，那稱為基督的耶穌，我怎麼辦祂呢？」猶太人將要回答：「把祂釘十字架！」（太二七：22） 基督知道祂為世人贖罪之後，祂的王國就必成全，並要擴展到全世界。祂要以復興者的身分工作，而且祂的靈必能得勝。傾刻間，祂展望未來，聽到地上各處有聲音宣告：「看哪，上帝的羔羊，除去世人罪孽的。」（約一：29）在這些外邦人身上，祂看到將來大收成的預兆。到那時，猶太人和外邦人之間隔斷的牆垣必要拆除。各國、各方、各民，都必聽見救恩的信息。「人子得榮耀的時候到了，」這話說明祂預先看到祂的偉大希望變成現實。但是得到這榮耀所必經的路，基督總是時刻放在心上的。祂必須先受那即將臨到的死，然後才能聚集外邦人歸順上帝。只有藉著祂的死，世人才能得救。人子必須像一粒麥子落在地裡死了，埋沒不見；但祂必將復活。

基督借用自然界的事物來說明自己所面臨的事，使門徒明白。祂的使命必須藉著祂的死，才能得到真實的果效。祂說：「我實實在在地告訴你們，一粒麥子不落在地裡死了，仍舊是一粒；若是死了，就結出許多子粒來。」當一粒麥子落在地裡死了，它就會發芽結實。照樣，基督的死，必為上帝的國結出果實來。依照植物界的定律，祂死的結果就是生。

這個比喻常常放在耕地者的面前。為要繼續保持糧食的供應，必須年年撒下上好的五穀。穀粒必須暫時隱藏在土壤之下，讓上帝看管照顧。然後先發苗，後長穗，最後穗上結成子粒。但是這成長，若不是種子先埋在地裡隱藏起來，而且明顯地死去了，就不能生長。

埋在地裡的種子產生果實，後來果實又種在地裡，如此循環不已，莊稼繁殖無窮。照樣，基督在髑髏地的十字架上的死，也要結出果子來，直到永生。十字架的果實，就是那些活到永生的人。他們必以這項犧牲為他們的榮耀。

一粒麥子若是要保守自己的生命不死，就結不出子粒來，一直是一粒的。基督若願意，能救自己不死。但若是這樣，只得獨自生存，不能引領許多兒女歸向上帝。祂唯有捨掉生命，才能將生命分給人類；唯有落在地裡死了，祂才能成為孕育大豐收的種子，從各國、各族、各方、各民中救贖眾多的子民歸於上帝。

基督把這真理結合到人人都應學習的自我犧牲的精神上：「愛惜自己生命的，就失喪生命；在這世上恨惡自己生命的，就要保守生命到永生。」凡願與基督同工結果子的人，必須先「落在地裡死了」，必須把生命投入世界的需要之中。愛己和利己的心必須死掉。自我犧牲的定律，就是保全自己的定律。農人要保全五穀，就要把它撒出去。人類生存的定律也是如此，捨就是生。那得蒙保全的生命，就是那甘願捨身為上帝和人類服務的生命。凡在今生為基督的緣故犧牲自己生命的人，必能保全生命到永生。

專為自己活的生命，就像被吃掉的五穀一樣。不但自身不見了，而且不能繁殖。一個人盡可以為自己聚斂一切，也可以專為自己生活、思慮、打算；可是生命一結束，他就萬事皆空，一無所有。專求利己的定律，就是自取滅亡的定律。

耶穌說：「若有人服事我，就當跟從我；我在哪裡，服事我的人也要在那裡；若有人服事我，我父必尊重他。」凡與耶穌同背十字架的人，必要與祂同享榮耀。基督因為門徒將要與祂同得榮耀，就在羞辱痛苦之中感到喜樂。他們就是祂自我犧牲的果實。祂自己的品德和精神得以實現在他們心中，這就是祂的報償，並要成為祂的喜樂，直到永遠。當門徒看見自己的勞苦和犧牲在別人的心靈和生活中結出果子時，他們也要與主同享喜樂。他們是與基督同工，所以天父必賜榮耀給他們，正像祂榮耀祂的兒子一樣。

希利尼人來見耶穌的消息，不但預示外邦人歸主，也使耶穌想到祂的整個使命。那時，救贖的工作，從天上定計畫起，直到現在即將臨到祂的死為止，都展開在祂面前。這時似乎有一層神祕的濃雲籠罩著上帝的兒子。挨近祂的人也感覺到那朦朧的黑影。祂坐在那裡，聚精會神地沉思默想，最後祂悲哀的話音打破了當時的沉寂：「我現在心裡憂愁，我說什麼才好呢？父啊，救我脫離這時候。」基督已經預先嘗到了苦杯的滋味。祂一想到將來被棄絕時，祂的人性禁不住不寒而慄。到那時，連上帝也要離棄祂，眾人都以為祂受責罰，被上帝擊打苦待了。祂又想到自己將要在眾人面前受辱，被視為罪魁，最後死在恥辱之中，不禁為之膽寒。這種與黑暗勢力鬥爭的第六感，和背負人類罪惡之可怕重擔的痛苦，加上天父因罪所發的憤怒，使耶穌支撐不住了，祂臉色發青，像死人一般。

最後，基督決心順從祂父的旨意。祂說：「但我原是為這時候來的。父啊，願你榮耀你的名。」只有藉著基督的死，才能推翻撒但的王國。只有如此，祂才能贖回人類，榮耀上帝。耶穌情願受苦，甘心犧牲。天上的大君樂於受苦如同負罪的人。祂說：「父啊，願你榮耀你的名。」當基督說這話時，有聲音從停在上方的雲朵中回答說：「我已經榮耀了我的名，還要再榮耀。」基督的一生，從生在馬槽裡起，直到祂說這話時為止，都已榮耀了上帝；而且在未來的試煉中，在神性與人性兩方面所受的痛苦中，也必榮耀祂父的名。

這聲音發出時，有一道光從雲中射出，環繞基督，宛如全能者的膀臂懷抱祂一樣，赫赫的威榮像一道火牆。眾人見之無不驚訝畏懼。無一人膽敢說話。大家都閉口屏息地站在那裡，定睛望著耶穌。天父已為祂作了見證，於是雲彩上升，散於天空。天父與愛子之間有形的交通暫時終止了。

這聲音發出時，有一道光從雲中射出，環繞基督，宛如全能者的膀臂懷抱祂一樣，赫赫的威榮像一道火牆。

「站在旁邊的眾人聽見，就說：『打雷了。』還有人說：『有天使對祂說話。』」但是這些來見耶穌的希利尼人看見雲彩，聽見聲音，就明白其中的意義，實實在在地認出了基督。耶穌已向他們顯明祂乃是上帝所差來的。

在耶穌受洗開始工作時，曾有人聽見上帝的聲音，以後在祂登山變像時，又聽見過一次。如今，在祂工作將要結束時，有更多的人在特殊的情況下，聽見了上帝第三次發出的聲音。關於猶太人的景況，耶穌剛才發表了最嚴肅的真理，給予他們最後的勸告，並宣布他們的厄運。這時上帝再次印證祂兒子的使命，承認被以色列所拒絕的那一位。耶穌說：「這聲音不是為我，是為你們來的。」這是耶穌身為彌賽亞的最後證據，是來自天父的信號，證明耶穌講的是真理，而且祂就是上帝的兒子。

基督接著說：「『現在這世界受審判，這世界的王要被趕出去。我若從地上被舉起來，就要吸引萬人來歸我。』耶穌這話原是指著自己將要怎樣死說的。」這是世界的大轉機。耶穌若為世人的罪作了挽回祭，世界就必得到光明，撒但在人心中的權勢就要被打破。人身上被毀損的上帝形像將要被恢復，信主的聖徒最後就必承受天家。這一切都是基督之死的結果。救主沉思默想著那擺在前面的勝利，祂看見十字架，就是那殘酷、可恥的十字架，及其恐怖的慘狀，竟放出了燦爛的光輝。

然而十字架所成就的，不僅是人類的救贖之工；上帝的愛藉此向全宇宙彰顯出來了，世界的王要被趕出去。撒但對上帝的一切指控都要被駁倒。他對上天的侮辱要永遠洗雪。天使和世人都要被引到救贖主面前。祂說：「我若從地上被舉起來，就要吸引萬人來歸我。」

說這話時，有許多人圍著祂，於是有人說：「『我們聽見律法上有話說基督是永存的，你怎麼說人子必須被舉起來呢？這人子是誰呢？』耶穌對他們說：『光在你們中間還有不多的時候，應當趁著有光行走，免得黑暗臨到你們；那在黑暗裡行走的，不知道往何處去。你們應當趁著有光，信從這光，使你們成為光明之子。』」

「祂雖然在他們面前行了許多神蹟，他們還是不信祂。」有一次他們問主說：「你行什麼神蹟，叫我們看見就信你？」祂行過無數的神蹟，他們卻閉著眼、硬著心。現在天父既親口發言，他們還能求什麼別的神蹟呢？可惜他們還是不肯相信。

「雖然如此，官長中卻有好些信祂的，只因法利賽人的緣故，就不承認，恐怕被趕出會堂。」他們喜愛人的稱讚，而不求上帝的喜悅。為了保全自己免受指摘和羞辱，他們就否認了基督，拒絕了永生。從那時起，各世代中不知有多少人犯了這同樣的錯誤啊！對這些人救主發出警告說：「愛惜自己生命的，就失喪生命。」耶穌又

說：「棄絕我、不領受我話的人，有審判他的，就是我所講的道在末日要審判他。」（約一二：48）

哎，那些不知道眷顧他們時候的人哪！基督緩慢而沉痛地永遠離開聖殿了。

第拾章
在橄欖山上。

本章根據：太二四；可一三；路二一：5~38。

基督對祭司和官長們說：「看哪，你們的家成為荒場，留給你們。」（太二三：38）這句話使他們恐慌不已。雖然他們裝作不介意似的，可是，他們心中卻常常起伏不定，這話是什麼意思呢？好像有一種看不見的危險在威脅著他們。這莊嚴的聖殿乃民族的光榮，難道不久要成為荒涼的廢墟嗎？門徒也同樣感到這是個凶兆。他們急切地想從耶穌口中聽到一些更肯定的話。當門徒跟著耶穌從聖殿裡出來時，他們請耶穌注意聖殿的堅固與美麗。建築聖殿的石塊都是最道地的大理石，潔白無瑕；其中有些石塊大得幾乎難以置信。有一段石牆曾抵擋過尼布甲尼撒王軍隊的圍攻，直存到現在。由於工程的精巧，這牆好似從石礦中鑿出來的一整塊大岩石。門徒不明白，這麼堅固的石牆怎麼會傾覆。

當基督注意到聖殿的偉大和壯麗時，這被人拒絕的主，心中該有何等說不出的感想啊！在祂面前的景象固然壯麗，但祂滿懷憂愁地說，這一切我都看見了。這些建築固然龐大雄偉，你們以為這些牆不可能被摧毀嗎？但你們聽我說，日子將到，「將來在這裡，沒有一塊石頭留在石頭上不被拆毀了。」

這些話是基督當著許多人講的。等到祂單獨坐在橄欖山上時，彼得、約翰、雅各和安得烈到耶穌跟前問祂說：「請告訴我們，什麼時候有這些事？你降臨和世界的末了，有什麼預兆呢？」耶穌回答門徒時，沒有把耶路撒冷的毀滅和祂降臨的大日分開，而是把這兩件大事併在一起講了。如果耶穌把將來的事，照祂所看見的指示給門徒，他們必受不住。祂因憐愛他們，就把這兩件大事混合起來講，讓門徒自己去研究其中的意義。當耶穌提到耶路撒冷的毀滅時，祂的預言就越過這件事，一直講到世界最後的大災；那時耶和華要從祂的居所出來，刑罰地上居民的罪孽。地也必露出其中的血，不再掩蓋被殺的人。這番話不僅是對當時的門徒講的，也是針對生活在末時代的人而講的。

基督轉過臉來朝著門徒，對他們說：「你們要謹慎，免得有人迷惑你們。因為將來有好些人冒我的名來，說：『我是基督』，並且要迷惑許多人。」許多假基督將要出現，自言能行神蹟，並宣稱猶太國蒙拯救的時候已經到了。許多人要受他們的迷惑。基督這話已經應驗了。從祂的死到耶路撒冷被圍困這段時期中，已有許多假基督出現。但這警告也是給我們現代人的。那在耶路撒冷毀滅之前被人用過的種種騙術，在各世代都有人使用，而且將來還會重演。

「你們也要聽見打仗和打仗的風聲，總不要驚慌，因為這些事是必須有的，只是末期還沒有到。」在耶路撒冷毀滅之前，世人會爭奪權位，弒君犯上；到處有打仗和打仗的風聲。基督說：「這些事是必須有的，只是末期（把猶太國當成一國而論，再亡之期）還沒有到。民要攻打民，國要攻打國，多處必有飢荒、地震。這都是災難的起頭。」基督又說到當拉比們看到這些預兆時，他們必要說這的刑罰是上帝降給轄治祂選民之列國。他們也要說這就是彌賽亞降臨的先兆。你們不要受迷惑，因為這都是上帝所降災難的起頭。眾人都依靠自己，不肯悔改歸正，不然我就可以醫治他們。他們認為自己從捆綁中得解放的徵象，卻是自己被毀滅的預兆。

「那時，人要把你們陷在患難裡，也要殺害你們；你們又要為我的名被萬民恨惡。那時，必有許多人跌倒，也要彼此陷害，彼此恨惡。」這一切，基督徒確實都忍受了。父母陷害兒女，兒女陷害父母；朋友將朋友交給公會。逼迫者遂了心願，殺害了司提反、雅各和其他基督徒。

上帝曾透過祂的僕人給猶太人最後悔改的機會。在基督的見證人被捉拿受審並坐牢時，祂曾彰顯自己的榮耀。然而，猶太的審判官還是定了他們的死罪。他們本是世界不配有的人，猶太人殺害他們，就等於將上帝的兒子重新釘在十字架上。同樣的事必要重演：掌權者將要定出限制宗教自由的法律。他們要僭取上帝所獨有的權柄，以為自己能強制別人的信仰。其實，唯有上帝才有權管理人心。但現在他們已經下手，並將要繼續進行下去，直到他們到了不能逾越的界限為止。那時，上帝必為祂忠心守誡的子民親自出來加以干涉。

每當逼迫發生，一切相關的人就必須決定，他們是擁護基督還是反對基督。那些向受冤者表同情的人，顯明他們是屬於基督的。另有一些人，因為真理的原則直接干涉了他們的行為，就起了反感，因此許多人跌倒，背棄了他們曾一度持守的信仰。那些在受考驗時背叛真道的人，為自己的安全，就妄作見證，陷害弟兄。基督已將這事警告我們，使我們看到那些拒絕真光者的悖天逆理和殘酷手段時，就不至於感到驚奇。

基督賜給門徒一個關於耶路撒冷遭毀滅的預兆，並告訴他們如何逃脫。祂說：「你們看見耶路撒冷被兵圍困，就可知道它成為荒場的日子近了。那時，在猶太的應當逃到山上，在城裡的應當出來，在鄉下的不要進城。因為這是報應的日子，使經上所寫的都得應驗。」基督這話是為四十年後耶路撒冷被毀時所發的警告。那時，基督徒因聽從了這個警告，在聖城陷落時沒有一個遇難。

基督說：「你們應當祈求，叫你們逃走的時候，不遇見冬天或是安息日。」設立安息日的主並沒有廢掉安息日，或把安息日釘在十字架上。祂的死並沒有使安息日失效。在祂被釘後四十年，安息日仍被尊為聖日。門徒禱告了四十年之久，求上帝在他們逃跑的時候不遇見安息日。

談了耶路撒冷的毀滅之後，基督很快就談到那重要的大事，就是世界歷史的最後一幕，上帝的兒子要在威榮中降臨。在這兩件大事之間，祂看到一段很長的黑暗時期，就是祂的教會要經歷許多世紀的流血、以淚洗面和極度痛苦的歷史。這景象是祂的門徒當時還擔當不起的，所以耶穌只簡單扼要地提了一下，說：「那時必有大災難，從世界的起頭直到如今，沒有這樣的災難，後來也必沒有。若不減少那日子，凡有血氣的，總沒有一個得救的；只是為選民，那日子必減少了。」一千多年的災難，即世人從未見過的逼迫要臨到基督徒。祂千百萬忠心的見證人都被殺害了。若不是上帝伸手保護祂的子民，他們就要全被滅絕。祂說：「只是為選民，那日子必減少了。」

接下來，我們的主用無可置疑的話講到祂第二次降臨，為祂復臨以前所必有的危險，預先提出警告：「那時，若有人對你們說：『基督在這裡』，或說：『基督在那裡』，你們不要信。因為假基督、假先知將要起來，顯大神蹟、大奇事。倘若能行，連選民也就迷惑了。看哪，我預先告訴你們了。若有人對你們說：『看哪，基督在曠野裡』，你們不要出去；或說：『看哪，基督在內屋中』，你們不要信。閃電從東邊發出，直照到西邊。人子降臨，也要這樣。」基督曾說過，耶路撒冷毀滅的預兆之一、就是有「好些假先知起來，迷惑多人。」後來假先知果然起來了，迷惑眾人，並引領許多人到曠野去。術士們和行邪術的，自稱有不可思議的能力，曾吸引群眾跟他們到山間的荒野。但是這段預言也是為末後的日子說的；這也是基督第二次降臨的預兆。就是現在，已有假基督和假先知現出神蹟奇事來誘惑基督的門徒。我們豈不是聽到有人喊：「基督在曠野裡」嗎？豈不是有成千人到曠野去，希望找到基督嗎？而且在成千的集會中，有人自稱能與鬼魂來往。現在豈不已經聽見他們喊：「看哪，基督在內屋中」嗎？這就是現代交鬼術所作的宣傳。但基督說什麼呢？「你們不要信。閃電從東邊發出，直照到西邊。人子降臨，也要這樣。」

救主除了指出祂再來的許多預兆之外，還指定了頭一個兆頭出現的時間：「那些日子的災難一過去，日頭就變黑了，月亮也不放光，眾星要從天上墜落，天勢都要震動。那時，人子的兆頭要顯在天上，地上的萬族都要哀哭。他們要看見人子有能力，有大榮耀，駕著天上的雲降臨。祂要差遣使者，用號筒的大聲，將祂的選民從四方，從天這邊到天那邊，都招聚了來。」

基督宣稱，在羅馬教的大逼迫停止後，日頭就要變黑，月亮也不放光。以後眾星也要從天上墜落。祂又說：「你們可以從無花果樹學個比方：當樹枝發嫩長葉的時候，你們就知道夏天近了。這樣，你們看見這一切的事，也該知道人子近了，正在門口了。」（太二四：32 ，33）

基督已經提出祂降臨的種種預兆。祂說我們可以知道什麼時候祂已臨近，正在門口了。祂論到那些目睹這些預兆的人說：「這世代還沒有過去，這些事都要成就。」今天這些預兆都已出現，現在我們可以確知主降臨的日子近了。祂說：「天地要廢去，我的話卻不能廢去。」

基督將要在大榮耀中駕雲降臨，有無數光明的天使伴隨著祂。祂來，要使死人復活，使活著的聖徒改變，榮上加榮；祂來，要尊榮那些愛祂並守祂誡命的人，接他們到自己那裡去。祂沒有忘記他們，也沒有忘記自己的應許。那時，許多家庭必要重新團聚。現今，當我們為死者憂傷時，就要想到將來上帝號筒吹響的那個清晨，「死人要復活，成為不朽壞的，我們也要改變。」（林前一五：52）過不久，我們要看見王的榮美；過不久，祂將擦去我們一切的眼淚；過不久，祂要使我們「無瑕無疵、歡歡喜喜地站在祂榮耀之前」（猶24）。因此，當祂提出自己降臨的預兆時，接著說：「一有這些事，你們就當挺身昂首，因為你們得贖的日子近了。」

然而，基督並沒有把祂降臨的日子和時辰告訴人。祂清楚地向祂的門徒說，祂自己也不知道祂第二次顯現的日子和時辰。如果祂能隨意講出，又何必勸他們時刻保持警醒等候呢？如今有人宣稱自己知道我們主顯現的確切日期和時辰，他們非常認真地推測將來的事，但主已警告他們不可這樣做。人子第二次降臨的確切時辰，是上帝的奧祕。

接著，基督又指明了祂降臨時世界的狀況，祂說：「挪亞的日子怎樣，人子降臨也要怎樣。當洪水以前的日子，人照常吃喝嫁娶，直到挪亞進方舟的那日，不知不覺洪水來了，把他們全都沖去。人子降臨也要這樣。」基督在這裡並沒有預指屬世的千禧年，就是所謂一切人都能為永生作準備的一千年。祂告訴我們，挪亞的日子怎樣，人子降臨的日子也要怎樣。

挪亞的日子是怎樣的呢？「耶和華見人在地上罪惡很大，終日所思想的盡都是惡。」（創六：5）洪水以前的人背棄了耶和華，不肯遵行祂的旨意。他們隨從自己汙穢的思想和乖僻的意念。他們之所以被毀滅，是因他們的罪孽。而今日的世界正是在重蹈他們的覆轍。這世界並未出現千禧年輝煌的誘人光景。違犯上帝律法的人，使罪惡充斥全地。他們的賭博、放蕩、荒淫的行為，不羈的情欲，使地上充滿了強暴。

基督在預言耶路撒冷被毀時，說：「只因不法的事增多，許多人的愛心才漸漸冷淡了。唯有忍耐到底的必然得救。這天國的福音要傳遍天下，對萬民作見證，然後末期才來到。」這段預言將來必要再度應驗。那時不法的事增多，與近代的罪惡泛濫，正好遙遙相對。關於宣傳福音的預言，也是如此。在耶路撒冷傾覆之前，保羅受聖靈感動，說當時福音已經「傳與普天下」（西一：23），現今也是如此。人子降臨前，這永遠的福音也必傳到「各國、各族、各方、各民」（啟一四：6）。上帝「已經定了日子，要……審判天下。」（徒一七：31）基督告訴我們那日子要來到，但祂並沒說世人都會悔改，只說：「這天國的福音要傳遍天下，對萬民作見證，然後末期才來到。」我們能藉著傳福音來加速主的復臨。我們不單要仰望，而且也要促使上帝日子的到來。（彼後三：12《欽訂英文版》

譯為「仰望並催促」）基督的教會已經完成上帝所指定的工作，全世界就早已聽見警告，主耶穌也早已帶著大能在榮耀裡降臨了。

基督說明祂降臨的預兆之後，說：「你們看見這些事漸漸地成就，也該曉得上帝的國近了。」「你們要謹慎，警醒祈禱。」上帝一向以快要臨到的審判來警告世人。凡相信當時的訊息，並以順從主誡命行動實踐他們信仰的人，都逃避了當時降在忤逆不信之人頭上的刑罰。主耶和華對挪亞說：「你和你的全家都要進入方舟，因為在這世代中，我見你在我面前是義人。」（創七：1）挪亞順從，就得了拯救。也有警告傳給羅得說：「你們起來離開這地方，因為耶和華要毀滅這城。」（創一九：14）羅得接受天使的保護，也蒙拯救。古時，基督的門徒照樣得到耶路撒冷毀滅的警告。凡注意那次毀滅來臨的兆頭而逃出那城的人都免於滅亡。我們現在也已聽到有關基督再次降臨的訊息，和將要臨到世人身上的毀滅警告。凡注意這警告的人，就必得救。

因為我們不知道主降臨的確切時辰，主吩咐我們要警醒。「主人來了，看見僕人警醒，那僕人就有福了。」（路一二：37）警醒等候主來的人，並不是在閒懶地空等。人對基督降臨的盼望使人敬畏上帝，懼怕祂加於罪惡的刑罰，並感到拒絕祂恩典的罪是何等大。同時，警醒等候主來的人，也必順從真理而使自己的心靈得以純潔。他們必把縝密的戒備同熱誠的工作結合起來。因為他們知道主已在門前，所以熱心勃發，與天使合作，從事救靈的工作。這等人就是忠心、有見識的僕人，管理主人的家，「按時分糧給他們」（路一二：42）。他們傳揚特別適應時代的真理。以諾、挪亞、亞伯拉罕和摩西怎樣宣揚當代的真理，照樣，現今基督的僕人，也應對本時代發出應時的警告。

但基督又提到另一等人：「倘若那惡僕心裡說：『我的主人必來得遲』，就動手打他的同伴，又和酒醉的人一同吃喝。在想不到的日子，……那僕人的主人要來。」

這惡僕在心裡說：「我的主人必來得遲」，他並沒說基督不會再來，也沒譏誚主第二次降臨的事，而是在他的心裡和言行上，表明主的降臨遲延了。他消除了別人心中所有主必快來的信念。他的影響導致人任意妄為，拖延預備，沉溺於世俗的昏昧中，以致內心充滿了屬世的情欲和腐敗的思想。這惡僕和醉酒的人一同吃喝，與世人一同尋求罪中之樂。他打他的同伴，控告並譴責忠心事奉主的人。他與世人同流合汙，漸漸變成罪中之人，真是可怕的同化；他已與世人一同陷入網羅。「在想不到的日子，不知道的時辰，那僕人的主人要來，重重地處治他，定他和假冒為善的人同罪。」

「若不警醒，我必臨到你那裡，如同賊一樣。我幾時臨到，你也決不能知道。」（啟三：3）基督的復臨，必出乎假教師的意料，使他們驚慌不已。他們在說「平安穩妥」，正如祭司和教師們在耶路撒冷陷落之前，還指望教會要享受地上的繁榮昌盛一樣。當時發生的許多跡象，都被他們解釋為光明的先兆。但聖經裡怎麼說呢？「災禍忽然臨到他們」（帖前五：3），上帝的日子必如網羅突然臨到一切住在地上的人，臨到一切以世界為家鄉的人。那日子臨到他們，像暗中偷襲的賊一樣。

這世界已充滿了放蕩和荒淫的享樂，沉睡在肉體的安逸之中。世人將主的降臨推到遙遠的將來，並譏誚別人給他們的警告。他們誇口說：「萬物與起初創造的時候仍是一樣。」（彼後三：4）「明日必和今日一樣，就是宴樂無量極大之日。」（賽五六：12）但基督說：「我來像賊一樣。」（啟一六：15）正當世人譏誚說：「主要降臨的應許在哪裡呢？」基督降臨的預兆卻正在應驗。當他們說「平安穩妥」時，災禍突然臨頭。當譏誚和拒絕真理的人，到了任意妄為時；當追求財利者不顧道義經營謀利時；當學者正在兢兢業業地研究各種知識，而單把聖經丟在一邊時，基督要像賊一樣來臨。

現今世上，萬事紛擾動盪。時事的徵兆凶險。未來的事，在前面投下陰影。上帝的靈正漸漸地從地上收回，海洋和陸地上的災禍接踵而至；暴風、地震、大火、洪水以及各種殺人流血的事，到處皆是。誰知道將來還會發生何事？何處是安全之所？凡是人為的，或屬世的事，未必可靠無疑。人們都迅速歸屬自己所選擇的旗幟之下，坐立不安地等待著、注意著他們帶頭人的動向。有一等人正在為我們主的顯現而警醒等候並辛勤作工。另有一等人落在那叛道領袖的管制之下。很少人真心相信：我們確有一個地獄要逃避；確有一個天國要求得。

最後的危機正悄悄地向我們偷襲。太陽依然照耀天空，循環不息；諸天仍在述說上帝的榮耀；世人照常吃喝嫁娶、耕種營造；商賈仍舊買賣逐利。人們彼此排擠、爭權奪位；喜愛宴樂的人擠在戲院、賽馬場和賭窟之中，興奮到了頂點。殊不知，寬容時期行將結束，各人的命運快要永遠決定了！撒但知道自己的時間不多，故發動所有的力量使世人受欺騙、被迷惑，醉生夢死，直到寬容的時期過去，恩典的門永遠關閉。

我們的救主從橄欖山上發出的警戒，經歷世世代代，以嚴肅的聲調傳給我們：「你們要謹慎，恐怕因貪食、醉酒，並今生的思慮累住你們的心，那日子就如同網羅忽然臨到你們。」「你們要時時警醒，常常祈求，使你們能逃避這一切要來的事，得以站立在人子面前。」

第拾壹章 「我這弟兄中一個最小的」。

本章根據：太二五：31~46。

「當人子在祂榮耀裡，同著眾天使降臨的時候，要坐在祂榮耀的寶座上。萬民都要聚集在祂面前。祂要把他們分別出來。」這就是基督在橄欖山上向門徒敘述審判大日的景象。祂說審判的判決只在於一個要點：當萬民聚集在祂面前時，只能有兩等人；他們永遠的命運要取決於他們為祂在貧窮痛苦之人身上做過什麼，或忽略了什麼。

當那日，基督並不在人前提說祂捨命救贖人的大工，乃是要提到人們為祂所作的忠心工作。祂要對那些被置於自己右邊的人說：「你們這蒙我父賜福的，可來承受那創世以來為你們所預備的國。因為我餓了，你們給我吃；渴了，你們給我喝；我作客旅，你們留我住；我赤身露體，你們給我穿；我病了，你們看顧我；我在監裡，你們來看我。」但是基督所稱揚的那些人並不知道自己曾經幫助過祂。對於他們的問題，祂回答說：「這些事你們既作在我這弟兄中一個最小的身上，就是作在我身上了。」

耶穌告訴祂的門徒，他們要被萬民恨惡，受逼迫，遭苦難。許多人要被趕出家園，陷入貧困。許多人要因疾病和窮乏受苦。許多人要被囚在監裡。凡為祂的緣故捨棄朋友或家庭的人，祂應許他們在今生必得百倍。現在祂對一切服事弟兄的人，應許特別的福分。耶穌說，「在一切為我的名受苦的人身上，你們要認出我來。你們怎樣服事我，也要怎樣服事他們。這就證明你們是我的門徒了。」

凡上帝所造的人都是耶穌的弟兄， 但一切因重生而加入天上家庭的人，更稱得上是主的弟兄。基督的愛將祂家庭的每一成員連結一起，所以哪裡有人表現主的愛，那裡就出現這種神聖的關係。「凡有愛心的，都是由上帝而生，並且認識上帝。」（約壹四：7）

在審判的日子，那些為基督所稱揚的人可能沒有多少神學知識，但他們心中懷有基督的生活原則。由於聖靈的感化，他們常造福周遭的人。即使在異教徒中，也有仁慈為懷的人，在生命之道還沒有進入他們耳中之前，就已善待所遇到的傳教士，甚至冒生命危險去幫助他們。還有一些外邦人，他們在蒙昧無知之中敬拜上帝。從來沒有人把真光傳給他們，但他們也不至滅亡。他們雖然不知曉上帝明文的律法，卻聽見上帝在大自然中向他們說話，而且照著律法的要求行事。他們的行為證明，聖靈已經感動他們的心，他們也就被承認為上帝的兒女。

在各國和異教徒之中，許多卑微的人，將來會聽見救主說：「這些事你們既作在我這弟兄中一個最小的身上，就是作在我身上了。」那時，他們該是多麼驚奇而快樂啊！同時，那無窮慈愛的主，看見這些跟從祂的人，因聽到這讚許的話而驚喜地望著祂時，祂的心將感到多大的快樂啊！

但基督的愛並不侷限於任何階層的人。祂把自己和世上的每個兒女視為同一體。為要讓我們能成為天上家庭的成員，祂才成了地上家庭的一分子。祂既是人子，也就是亞當每一子女的弟兄。祂的門徒不可與周遭淪亡的世人脫節，不忘自己也是人類大家庭的成員，所以上天看他們是聖徒的弟兄，也是罪人的弟兄。墮落、犯錯和有罪的人，都為基督的愛所包括。所以每一援救墮落之人的行動，每一仁慈的善舉，都像行在主身上一樣蒙悅納。

天使奉差遣為那將要承受救恩的人效力。我們現在還不知道承受救恩之人是誰，還看不出誰將得勝，並「能與眾聖徒在光明中同得基業。」（西一：12）但是眾天使在地上四方奔走，設法安慰憂傷的人，保護遇險的人，使人心歸向基督。無一人被他們忽略或越過。上帝不偏待人。凡祂所造的人，祂都予以同等的看顧。

當你開門接納基督窮乏受苦的兒女時，你就是在接納看不見的天使；你就是在邀請天上的使者為伴。他們必帶來喜樂平安的神聖氣氛。他們來時口中所發的是讚美之聲，而天上的應和之聲也能聽見。每一件仁慈的行為都能使天上奏出悅耳的音樂來。天父在祂的寶座上，以無私的工人為祂最貴重的珍寶。

那些被安置在基督左邊的人，雖然忽略了在貧窮和受苦人中的基督，且不覺察自己的罪過。撒但蒙蔽了他們的心眼，他們看不出自己對弟兄們應盡的本分。他們一心一意地專為自己打算，毫不顧及別人的需要。

上帝將財富賜給富足的人，使他們可以救濟並安慰祂受苦的兒女，但是這些富人對別人的需要往往太不關心了。他們覺得自己比貧苦的弟兄優越。不設身處地為他人著想。他們不明白窮人的試探和掙扎。他們的慈悲心被泯滅了。在華貴的宅第和壯麗的教堂裡，富人將自己與窮人隔開了。上帝所賜給他們為窮人謀福利的錢財，他們卻用於嬌生慣養，滿足一己之好。他們天天剝奪窮人應得到體驗上帝慈愛的機會，因為上帝已作廣泛的安排，使窮人的生活需要能得到滿足。他們卻認為被迫忍受逼人的貧困生活，以致常受試探，變成憤懣、嫉妒和充滿惡毒的猜忌。自己沒受過生活壓迫的人，常輕看窮人，把他們當作乞丐。

基督看見了這一切，便說：「那餓了渴了的就是我，那作客旅的也是我；那病了的是我，那在監裡的也是我。當你們坐在豐盛的筵席上時，我正在茅舍裡或街頭上忍飢挨餓；當你們在豪華的宅第中安樂時，我卻沒有枕頭的地方；你們的衣櫥裡掛滿了華麗的衣服，我卻赤身露體；當你們追逐享樂時，我卻在監牢裡憔悴呻吟！」

當你們吝嗇地拿出一點食物給飢餓的窮人時；當你們把那單薄的衣服加在他們身上抵禦嚴霜時，你們可曾想到你們是在施給榮耀的主嗎？在你們一生的年月中，我在這些受苦人之間離你們不遠，可是你們卻沒有尋求我。你們不願與我相交，所以我不認識你們。

許多人認為能漫遊聖地，訪問基督在地上生活時的勝蹟，走走祂所踏過的道路，看看祂所喜愛在那裡教訓人的湖泊，和祂時常欣賞的山谷，實在是莫大的特權。其實你不是一定要到拿撒勒、迦百農或伯大尼去，才算是步基督的腳蹤。在病患床邊、窮人的茅舍、大都市擁擠的小巷、在每個需要安慰的地方，我們都可以找到基督的腳蹤。我們行耶穌在地上所行的事，就是跟著祂的腳蹤行了。

人人都能找到一些可行的善事。耶穌說：「常有窮人和你們同在」（約一二：8），所以不要想自己沒有為祂工作的地方。且看億萬被捆綁在無知和罪惡的鎖鍊之下行將滅亡的人，他們從來沒有聽見過基督對他們的愛。假使我們和他們換個地位，我們希望他們為我們作些什麼呢？想到這裡，我們難道沒有義務在能力所及的範圍之內，認真地為他們服務嗎？基督所定的人生原則，就是決定我們每一個人在審判大日存亡的原則，這原則就是：「無論何事，你們願意人怎樣待你們，你們也要怎樣待人。」（太七：12）

救主捨去祂寶貴的生命來建立教會，為的是要照顧憂傷和受試探的人。有些信徒或許貧窮、沒有學問、沒有名望，然而在基督裡，他們能在家庭、鄰裡、教會，甚至在「以外的地方」作工，他們的果效必將存到永遠。

許多初作門徒的人，只有基督徒經驗的開端，而一直沒有長進，就是因為他們忽略了這種工作的重要性。當耶穌向他們說：「你的罪赦了」時，在他們自己心中所發的光輝，就能藉著幫助別人的需要而更加明亮。青年人好動的活力固然時常造成危險，但如果引入正軌，則必成為福惠之源。他們就能以忘我的精神熱誠地為他人謀福祉。

凡服事人的，必能受到那大牧長的服事。他們自己必能飲用那活水，並得滿足。他們必不渴求娛樂的刺激，或生活的調劑。他們最感興趣的題目，是如何拯救行將滅亡的人。在此情形下，社交生活也必是有益的。救贖主的大愛必吸引人心，使他們團結起來。

當我們認明自己是與上帝同工時，就不會冷冷淡淡地提說祂的應許。這些應許必在我們心中如同火燒，從我們口裡如數家珍般地述說出來。當上帝呼召摩西為一班愚昧無知、漫無紀律、心存叛逆的民眾服務時，主應許他「我必親自和你同去，使你得安息。」主又說：「我必與你同在。」（出三三：14；三：12）這應許也是賜給一切代表基督，為祂窮苦遭難的兒女服務者的。

仁愛，就是上帝之愛在地上的展現。為要培植這愛，使我們成為同一個家庭的成員，榮耀的大君就成了我們中間的一分子。當我們實行祂臨別時的命令，「你們要彼此相愛，像我愛你們一樣」（約一五：12）時；當我們愛世人，像祂愛世人一樣時，祂的使命就必成全在我們身上，我們就配進天國，因為已經有天國在我們心中。

「人被拉到死地，你要解救；人將被殺，你須攔阻。你若說：『這事我未曾知道』，那衡量人心的豈不明白嗎？保守你命的豈不知道嗎？祂豈不按各人所行的報應各人嗎？」（箴二四：11 ，12）在審判大日，那些沒有為基督工作的人，那些只想到自己、專顧自己的人，必被全地的審判者列在作惡的人中，受同樣的刑罰。

對每個人都有一種委託。那大牧長將來必質問每一個人：「先前賜給你的群眾，就是你佳美的群眾，如今在哪裡呢？」「那時你還有什麼話說呢？」（耶一三：20 ，21）

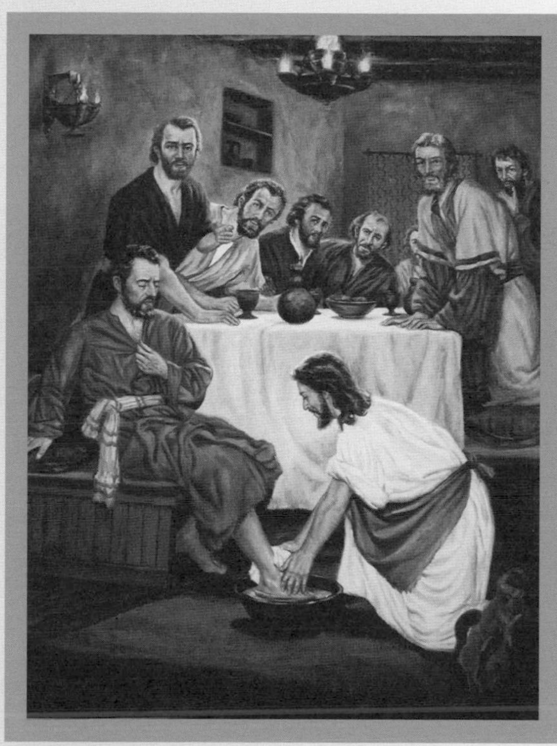

第拾貳章
僕人的僕人。

本章根據：路二二：7~18、24； 約一三：1~17。

在耶路撒冷一所住宅的樓房裡，基督正和門徒一同坐席。他們在一起過逾越節。救主單同十二門徒守這節，是因為祂知道自己的時候已經到了；祂自己就是逾越節的真羔羊，在吃逾越節筵席的那天，就要被獻祭了。不久祂將要喝那憤怒之杯，必須領那末後痛苦的洗禮。可是祂現在還有一點安靜的時間，要用來幫助祂所愛的門徒。

基督的一生是無私服務的一生。「不是要受人的服事，乃是要服事人」（太二〇：28），這是祂做每一個動作的教誨。可是祂的門徒至今還沒學到這個教訓。在這最後一次逾越節的筵席上，耶穌用實例來重新發揮這個教訓，使之永遠銘刻在他們的心版上。

耶穌同門徒的會晤，通常是靜穆愉快的時辰，大家非常珍視。過去幾次逾越節的筵席皆有興味；這次耶穌卻感到不安。祂心情負重，臉上籠罩著一層陰影。當祂在樓房與門徒聚餐時，他們看出祂心事沉重。他們雖然不知其原因，但對他的憂愁深表同情。

坐席時，祂用很令人傷感的聲調說：「『我很願意在受害以先和你們吃這逾越節的筵席。我告訴你們：我不再吃這筵席，直到成就在上帝的國裡。』耶穌接過杯來，祝謝了，說：『你們拿這個，大家分著喝。我告訴你們：從今以後，我不再喝這葡萄汁，直等上帝的國來到。』」

基督知道自己離世歸父的時候到了。祂既然愛世間屬自己的人，就愛他們到底。祂現在正處在十字架的陰影之下，痛苦刺透了祂的心。祂知道自己被賣時，眾人要背棄祂。祂知道人要用對待已決犯的屈辱來置祂於死地。祂知道自己所拯救之人對祂的忘恩負義和殘忍的行為。祂也知道自己必要付出多大的犧牲，而且在多少人身上這犧牲要歸於徒然。祂既知道面前的這一切，又想起自己所要受的屈辱和痛苦，自然無法振作了。但祂此時要照顧的乃是十二個門徒，就是常與祂同在，是祂認為屬於自己的人；也就是在祂的羞辱、憂傷和痛苦過去之後，必須留在世上奮鬥的人。每逢想起自己所要受的痛苦，祂總要聯想到門徒，所以祂沒顧到自己，心中所最關切的是他們。

耶穌在這最後一晚和門徒相聚，有很多話要講。如果他們已準備好來領受祂所切望給他們的教訓，他們自可免去傷心的慘痛，也不至失望而不信。但耶穌看出他們還擔當不了祂所要說的話。當祂望著他們的神色時，就把警告和安慰的話留在嘴邊不講了。大家一時沉默不語；耶穌似乎在等待什麼；門徒也覺得躊躇不安。基督的憂愁所引起的同情和親切感逐漸消逝。祂指著自己受苦所說憂傷的話，沒起多大作用。門徒面面相覷，他們心中顯然藏有嫉妒和競爭。

「門徒起了爭論：他們中間哪一個可算為大。」他們竟然當著基督的面爭論起來，真使祂憂愁傷心。門徒牢守著他們那得意的理想，認為基督必要保持祂的威權，登上大衛的寶座。他們每人心中都渴望在祂的國中居最高地位，都照自己的標準估計自己，衡量別人；他們把自己看為第一，不看弟兄比自己強。雅各和約翰坐在基督寶座左右兩邊的請求，已經惹起其他門徒的憤恨。這弟兄倆竟敢要求最高的位置，這事激惱了其餘十人，險些鬧成分裂。他們覺得自己被人看扁了，他們的忠誠和才幹也未被賞識。門徒中最不滿意雅各和約翰的就是猶大。

門徒進樓房時，心中充滿怨憤。猶大緊挨著基督，坐在祂的左邊，約翰則坐在右邊。哪裡是上座，猶大就一定要坐在那裡；大家都認為緊挨近基督身邊就是上座。猶大就是賣主的人。

這時又遇到個能引起矛盾的事。按當時的習俗，宴會上總該有個僕人來為客人洗腳的。這次，洗腳的用具預備齊全：水瓶、腳盆和手巾都已擺好，隨時可以洗腳，但當時沒有僕人。按理這事應由門徒來作。可是每個門徒都存著驕傲的心，絕不作僕人的事。大家都裝作漠不關心，不覺得有什麼該作的事。他們的緘默表明人人都不肯自卑。

基督應如何幫助這些可憐的人，使撒但不至於在他們身上獲得決定性的勝利呢？祂如何才能使他們明白，單憑口頭稱門徒，並不能使他們成為門徒，也不能保證他們在祂國裡有地位呢？祂如何才能指出最大的要素在於愛心的服務和真實的謙卑呢？祂該如何在他們心中燃起愛的火焰，並使他們能領悟祂所要告訴他們的事呢？

門徒對彼此洗腳，都坐著不動。耶穌等了片刻，看他們怎麼做。然後，這位神聖的教師便從席上起來，脫下礙手的外衣，拿了一條手巾束腰。眾門徒驚奇地望著祂，等著看祂還做什麼動作。耶穌「隨後把水倒在盆裡，就洗門徒的腳，並用自己所束的手巾擦乾。」這一舉動才使門徒看清楚了。他們心中充滿慚愧和羞恥，明白了基督沒有講出來的責備，並對自己有了全新的認識。

基督如此表示祂愛門徒的心。他們的自私雖然使祂心中充滿憂傷，但祂並沒有指出他們的缺點，反而留下了一個他們永不會忘懷的榜樣。祂向他們所懷的慈愛是不能輕易改變或消滅的。祂知道父已將萬有交在祂手裡，而且知道自己是從上帝那裡來的，又要回到父那裡去。祂全然知道自己是神，但祂已經將自己的皇冕和王袍放置一邊，取了僕人的樣式。祂在地上生活的最後舉動就是作個僕人，自己束腰來作僕人所作的事。

逾越節前，猶大已去見過祭司和文士，並立約把耶穌交在他們手中。然後他仍混在門徒當中，裝作沒事，並興高采烈地和大夥一起預備逾越節的筵席。其他門徒對猶大的企圖毫無所知，但耶穌已洞察他的祕密，卻沒把它揭穿。祂關心猶大，正如關心耶路撒冷，為這註定遭劫的城哀哭一樣。祂的內心在呼喊：「我怎能捨棄你？」（何一一：8）猶大也曾感覺到那愛的激勵。當救主的手洗他那雙汙穢的腳，並用手巾擦乾時，猶大的心深受感動，想要承認自己的罪。但是他不肯自卑，仍硬著心不悔改。他的老習性這時又控制了他。結果，猶大反倒因基督為門徒洗腳而起反感。他想，耶穌如此自卑，就不可能是以色列的王。他對屬世國度尊榮的希望全然破滅。猶大得出結論：跟從基督毫無可獲。他見基督做這事，有失體統。他便下了最後決心，要棄絕基督，並認為自己是受了騙。這時魔鬼進入他的心；他決定去完成賣主的事。

猶大揀選坐席的位置時，企圖把自己列為第一。基督作為僕人，就先洗他的腳。猶大所痛恨的約翰輪到最後。約翰沒有認為這是一種責備或怠慢。眾門徒看著基督為他們洗腳，就大受感動。挨到彼得時，他驚異地喊著說：「主啊！你洗我的腳嗎？」基督的謙卑使他很痛心，他想到為大家洗腳的，竟是主而不是門徒中的一位，就十分慚愧。基督說：「我所作的你如今不知道，後來必明白。」彼得不忍心讓他的主上帝的兒子作僕人所作的事；他極不贊成基督這樣自卑，於是強調說：「你永不可洗我的腳。」

基督嚴肅地對彼得說：「我若不洗你，你就與我無分了。」彼得所拒絕的禮是屬靈潔淨的表號。基督來，是要洗除世人心中的罪汙。彼得不讓基督洗他的腳，就是拒絕了這禮節中所含的屬靈意義，即內心的潔淨，而實際上就是拒絕了他的主。讓我們的主為我們作潔淨的工夫，這在祂並不是屈辱的事。最真實的謙卑是感謝領受主為我們作的任何安排，並認真地為基督進行工作。

「我若不洗你，你就與我無分了」的話，使彼得放棄了驕傲自恃的心。與基督隔絕，簡直就是要他死。他說：「主啊，不但我的腳，連手和頭也要洗。」耶穌對他說：「凡洗過澡的人，只要把腳一洗，全身就乾淨了。」

基督所講的這句話，不僅是指肉體的潔爭，更是指屬靈的潔淨。洗過澡的人固然是乾淨的，但穿涼鞋的腳很快就髒，必須再洗。彼得和他的弟兄們已在那洗除罪惡與汙穢的大泉源中得了潔淨。基督已經承認他們是屬於祂的人。但是他們因受試探，又犯了罪，所以還需要救主那使人潔淨的恩典。當耶穌用手巾束腰給門徒洗腳時，祂要藉此洗除門徒心中的紛爭、嫉妒和驕傲的罪汙。這比洗去腳上的塵土重要多了。就門徒當時的心情來說，沒有一個人已準備好與基督交通。在他們沒有達到謙卑和仁愛的地步之前，他們不配吃逾越節的晚餐，並參與基督即將設立的記念禮。他們的心必須被洗淨。驕傲和自私的心勢必造成糾紛。耶穌在洗他們的腳時，就將這一切都洗掉了。他們的心情已經起了變化，因此耶穌說：「你們是乾淨的。」如今他們同心合意，彼此相愛了。除了猶大之外，每個門徒都願意將最高的地位讓給別人。這樣，他們就能進一步領受基督的教訓了。

我們像彼得和他的弟兄們一樣，已在基督的寶血中洗淨了。但因心靈常受玷汙，也必須來向基督求祂潔淨罪惡的恩典。彼得不願讓他的髒腳碰到主的手，可是我們倒常以犯罪、汙穢的心接觸基督的心！我們不良的習性、虛榮和驕傲，使主多麼悲傷啊！但我們必須將我們一切的軟弱和汙穢帶到祂面前。唯有祂能洗淨我們。我們若不因祂的功效得潔淨，就沒做好與祂交通的準備。

耶穌對門徒說：「你們是乾淨的，然而不都是乾淨的。」祂已經洗了猶大的腳，但猶大的心沒有順服祂，所以還不潔淨。猶大不肯完全獻身與基督。

基督洗完門徒的腳之後，對他們說：「我向你們所作的，你們明白嗎？你們稱呼我夫子，稱呼我主，你們說的不錯，我本來是。我是你們的主，你們的夫子，尚且洗你們的腳，你們也當彼此洗腳。我給你們作了榜樣，叫你們照著我向你們所作的去作。我實實在在地告訴你們：僕人不能大於主人，差人也不能大於差他的人。」

基督要門徒明白：祂雖然洗了他們的腳，這絲毫無損於祂的尊嚴。「你們稱呼我夫子，稱呼我主，你們說的不錯，我本來是。」

正因為祂比人無限高貴，祂就此給這個禮賦予恩澤與意義。基督的高位無人能比，而祂竟卑躬屈就最低下的服務。

基督為使祂的子民不按自私的本性行事，親自樹立了謙卑的榜樣。這一重大課題祂不願交給人來傳授。祂對它非常重視，故身為與上帝同等的主，甘願作門徒的僕人，正當他們在爭奪最高地位時，那萬眾都要向祂曲膝的主，竟曲膝來洗那些稱祂為主之人的腳，甚至連出賣祂之人的腳祂也洗了。

在祂的生活和教訓中，基督給人以無私服務的榜樣，是發源於上帝的。上帝不為自己生存，祂在造這世界和維持萬物生存時，不斷地為「他人」服務。「祂叫日頭照好人，也照歹人；降雨給義人，也給不義的人。」（太五：45）這服務的理想，上帝已交給祂兒子。耶穌站在人類元首的地位，用自己的榜樣闡明為人服務的真諦。祂伺候眾人，為眾人服務。祂身體力行上帝的律法，以自己的榜樣教導我們應如何遵守。

耶穌一再設法在門徒中建立這個原則。當雅各和約翰求佔首位時，主說：「你們中間誰願為大，就必作你們的用人。」（太二〇：26）祂的意思是說，在我的國裡，不追求什麼優先地位或優勝榜首的。唯一的偉大就是謙和的偉大。唯一的榮譽是在專心為別人服務中贏得的。

耶穌洗過門徒的腳後說：「我給你們作了榜樣，叫你們照著我向你們所作的去作。」在這句話裡，基督不單是教導款待客人，不單指給他們洗掉旅途的灰塵。基督藉此設立了一個宗教禮節。由於主的榜樣，謙卑禮已成為一個神聖的儀式。耶穌要門徒遵守這個儀式，為了永遠記念祂有關謙卑與服務的教訓。

謙卑禮是基督定為參加聖餐的準備。我們心中若存著驕傲紛爭和爭先的意念，就是沒有準備好去領受祂的身體和他的寶血。因此，耶穌規定要先遵守這個記念祂自我謙卑的禮。

當上帝的兒女行謙卑禮時，應回想生命與榮耀之主的話：「我向你們所作的，你們明白嗎？你們稱呼我夫子，稱呼我主，你們說的不錯，我本來是。我是你們的主，你們的夫子，尚且洗你們的腳，你們也當彼此洗腳。我給你們作了榜樣，叫你們照著我向你們所作的去作。我實實在在地告訴你們：僕人不能大於主人，差人也不能大於差他的人。你們既知道這事，若是去行就有福了。」人都有一種習性，愛看自己比弟兄強，專為自己打算，攀登高位，結果造成猜疑和心懷怨毒的弊病。聖餐之前的洗腳禮，就是要消除彼此猜疑，去掉私心和妄自尊大的思想，存心謙卑，樂意為弟兄服務。

天上聖潔的守望者必來參加這種聚會，使聚會成為反省、悔過和蒙赦罪之恩的良好時機。在謙卑禮中，基督要親自臨格，轉移人

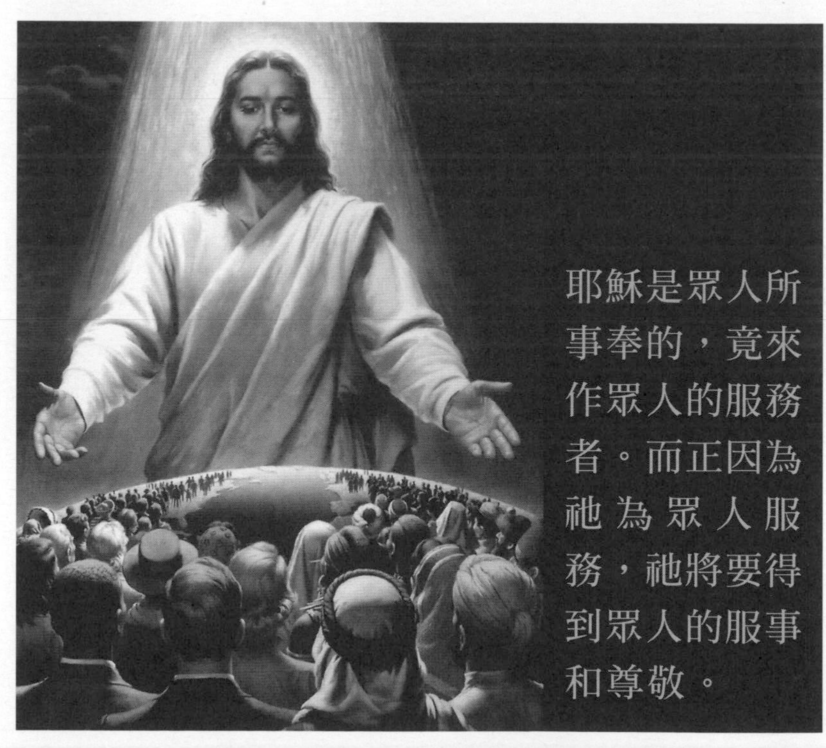

們自私的思想源流。凡照主的榜樣去行的人有聖靈來增強他們的靈敏度。我們記念救主為我們所受的屈辱時，必會聯想起許多事來：上帝的大恩、友人的幫助和安慰；許多辜負上帝，虧欠弟兄的事也都浮現腦際。那曾擠掉仁愛的寶貴幼苗的毒根，此時也暴露出來了。品格上的缺點，本分上的疏忽，對上帝的忘恩負義和對弟兄的冷漠無情，都會一一湧上心頭。我們就會以上帝對罪的看法去認識它。我們的思想不再是安於現狀，而是嚴格的自責和羞愧。這樣，我們的心力就必增強，能衝破一切使我們與弟兄疏遠的障礙。我們不再起惡念，講壞話。這樣，我們的罪得以承認清楚，就得赦免，基督制伏人心的恩典也臨到各人。基督的愛把眾人的心聯合於福祉的團契。

這樣，我們學得謙卑禮的教訓，就會要求過更高的屬靈生活。對此願望，在場見證一切的上帝之靈必作出回應，使我們的心靈升高。我們來參加聖餐禮時，就會有罪惡蒙赦的感悟。基督公義的陽光必充滿我們的思想和心靈的殿。我們得以仰望「上帝的羔羊，除去世人罪孽的。」（約一：29）

對於凡能體驗這禮節之精神的人，這禮永不會成為空洞的形式。其恆久的教訓是：「總要用愛心互相服事。」（加五：13）基督給門徒洗腳，藉此表明：為了使他們與祂同作後嗣來承受天國寶庫的永恆財富，即使再卑賤的服務，祂也願意操勞。門徒行此禮，同樣承諾要為弟兄服務。每逢上帝兒女照主的榜樣舉行這禮節時，他們就藉此立約建立神聖的關係來相互幫助，彼此祝福；也就此獻身從事無私的服務。這服務不限於彼此之間。他們的工作園地有如他們夫子的工作範圍之廣。世界到處是需要得到我們服務的人。遍地皆是貧困、無助和無知者。凡在吃聖餐的「樓房」上與基督交通的人，必要像祂一樣出去為人群服務。

耶穌是眾人所事奉的，竟來作眾人的服務者。而正因為祂為眾人服務，祂將要得到眾人的服事和尊敬。凡想分享祂神性之屬性，並分享祂因見多人得救而享的喜樂的人，必須效法祂無私服務的榜樣。

這一切都包含在耶穌所說的這句話裡：「我給你們作了榜樣，叫你們照著我向你們所作的去作。」這是祂設立此禮節的目的。祂還說：「你們既知道這事，若是去行就有福了。」

第拾參章
「為的是記念我」。

本章根據：太二六：20~29；可一四：17~25；路二二：14~23；
約一三：18~30。

「主耶穌被賣的那一夜，拿起餅來，祝謝了，就擘開，說：『這是我的身體，為你們捨的；你們應當如此行，為的是記念我。』飯後，也照樣拿起杯來，說：『這杯是用我的血所立的新約；你們每逢喝的時候，要如此行，為的是記念我。』你們每逢吃這餅，喝這杯，是表明主的死，直等到祂來。」（林前一一：23 － 26）

這時基督正處於兩個制度及其兩大節期的分界上。祂作為上帝無瑕疵的羔羊，即將獻上自己為贖罪祭，這樣就把那四千年來，預表祂死的表號和儀式的制度廢除了。在同門徒吃逾越節筵席時，祂設立了一個記念祂偉大犧牲的禮節來代替逾越節。猶太人全國性的節期將要永遠過去，而基督所設立的禮節要在各方各國、世世代代被他的門徒遵守。

古時逾越節的設立，原是作以色列人從埃及為奴之地被拯救出來的紀念。上帝曾指示；當他們年年守這節時，兒女若問起它的意義，他們就要將這段歷史重述一遍。這樣，那奇妙的拯救就必留在眾人心中，歷久如新。基督設立聖餐禮，乃是要記念那因他的死而完成的大拯救。信徒要遵守此禮，直到祂帶著能力和榮耀第二次降臨之日。這禮是一記念，讓我們常把祂為我們做成的重大事蹟銘心不忘。

當初以色列民從埃及蒙拯救時，是站著吃逾越節晚餐的：腰間束帶，腳上穿鞋，手中拿杖，預備趕路。他們過逾越節的模式是符合當時情況的，因為他們即將被趕出埃及地，開始在曠野裡行走痛苦、艱難的旅程。但到基督的時代，情況已改變。他們不再是將要從異邦之地被趕出來的民，而是已住在自己的國土上。為了體現上帝所賜的安息，此時人是側身靠在榻上吃逾越節筵席的。桌子四圍放著長榻，客人能躺下，用左臂支撐身體，右手拿食物。這樣，客人也能將頭靠在他左側之人的胸膛上。腳既伸到榻的外端，外圍伺候的人就能為客洗腳。

這時基督仍在那擺著逾越節晚餐的筵席上。逾越節用的無酵餅就在祂面前。沒有發過酵的逾越節的酒，也在桌子上擺著。基督用這些象徵來代表自己是毫無瑕疵的犧牲。任何被發酵——罪和死亡的表號——所腐化的東西都不足以代表那「無瑕疵、無玷汙的羔羊。」（彼前一：19）

「他們吃的時候，耶穌拿起餅來，祝福，就擘開，遞給門徒，說：『你們拿著吃，這是我的身體。』又拿起杯來，祝謝了，遞給他們，說：『你們都喝這個，因為這是我立約的血，為多人流出來，使罪得赦。但我告訴你們：從今以後，我不再喝這葡萄汁，直到我在我父的國裡同你們喝新的那日子。』」

賣主的猶大當時也參加了聖餐禮。他從耶穌手裡領受了那表明祂捨身流血的餅和酒，也聽見主的話：「你們應當如此行，為的是記念我。」這個叛徒竟敢在上帝的羔羊面前盤算暗計，揣著陰險報復的惡念。

基督在洗腳時說話的口氣，已充分證明祂洞悉猶大的人格。祂說：「你們是乾淨的，然而不都是乾淨的。」（約一三：11）這句話使這個假門徒確知基督已洞悉他的奸計；此時基督要更清楚地講出來。當他們坐席時，祂望著門徒說：「我這話不是指著你們眾人說的，我知道我所揀選的是誰。現在要應驗經上的話，說：『同我吃飯的人，用腳踢我。』」

直到此時，門徒還沒懷疑到猶大。但他們看出基督非常難過。為此，有一層黑雲籠罩著他們，像是可怕的災禍即將來到；其性質卻是他們所不知道的。當大家沉默地吃著筵席時，耶穌說：「我實實在在地告訴你們，你們中間有一個人要賣我了。」門徒聽見這話非常驚異惶恐。他們不明白，他們中間怎麼會有人如此沒良心地對待他們神聖的教師。為什麼要賣祂？賣給誰？誰會產生這種念頭呢？主所眷愛的十二個門徒既比其他人更有權利聆聽祂的教訓，享受祂奇妙的愛，主又是那麼關心他們，使他們與祂親密來往，他們中間總不至於有人要賣祂吧！

門徒既明白耶穌這句話的意義，也記得祂所說的話是何等的真實，他們心中懼怕，就懷疑起自己來。他們開始省察自己的心，看有沒有藏著一點反對夫子的意念。他們以極痛苦的心情，一個一個地問耶穌說：「主，是我嗎？」唯有猶大坐在那裡默不作聲。約翰大為困惑，最後問耶穌說：「主啊！是誰呢？」耶穌回答說：「同我蘸手在盤子裡的，就是他要賣我。人子必要去世，正如經上指著祂所寫的，但賣人子的人有禍了！那人不生在世上倒好。」當門徒問：「主，是我嗎？」時，他們曾嚴密地彼此注視著每一個人的臉色。所以猶大的沉默使大家的視線都集中在他身上。在大家發問和表示驚異的混亂情形之中，猶大沒有聽見耶穌回答約翰的話。現在他為要避開眾門徒的注意，就像他們一樣地問耶穌說：「拉比，是我嗎？」耶穌嚴肅地回答說：「你說的是。」

猶大因自已的陰謀被揭露，驚異慌亂，趕緊起來想離開樓房。「耶穌便對他說：『你所做的快做吧！』……猶大受了那點餅，立刻就出去。那時候是夜間了。」這個叛徒既轉離基督走到外面的黑暗中，這對他來說真是到「夜間」了。

猶大在沒走這一步之前，還沒失去悔改的可能。但在他離開主和同道弟兄時，他已做出最後決定，已跨過最後界線。

耶穌對待這個受試探的人所表示的忍耐，真可謂奇妙之至。凡為挽救猶大所能作的事耶穌都已作盡。在猶大兩次與祭司立約賣主之後，耶穌還給他悔改的機會。因祂洞察這叛徒心中的奸計，基督便將那顯明祂神性的最後確實憑據給猶大。對這假門徒，這就是勸他悔改的最後呼籲。基督那兼有神人二性的愛心所能發揮的感化力，都毫無保留地用在猶大身上了。憐憫的浪潮雖然被頑固不化的驕傲反擊回來，卻以更強恩愛的感服力再衝擊過去。可惜，猶大雖因自己的罪惡被揭露而詫異震驚，但他反倒更堅決了。他從聖餐的筵席上出去，決心要貫徹賣主的陰謀。

基督宣布猶大有禍，對其他門徒是懷有憐愛意旨的。這樣祂就此把那證明祂是彌賽亞的最大憑據給了他們。祂說：「如今事情還沒有成就，我要先告訴你們，叫你們到事情成就的時候，可以信我是基督。」如果耶穌一直保持緘默，好像不知道那將要臨到自己身上的事，門徒或許要認為他們的夫子沒有神聖的預見，是意外地被人賣到嗜殺成性的暴徒手裡。一年前，耶穌早已告訴門徒，祂揀選的十二個人中有一個是魔鬼。如今基督對猶大所說的話顯明祂完全知道他的奸計，這就可以在祂受辱的時候堅固祂真實門徒的信心。而且當猶大遭遇那可怕的結局時，他們就會想起耶穌在叛徒身上所宣布的災禍。

救主還有個用意。祂本來知道猶大是個叛徒，但仍設法幫助他。祂在洗腳時說：「你們是乾淨的，然而不都是乾淨的。」門徒當時不明白這話。及至祂在席上說：「同我吃飯的人，用腳踢我」（約一三：11 ，18）時，他們還不領會。但到最後明白祂的意思時，他們就要思考：上帝對犯最嚴重罪的人，表現何等的忍耐和恩慈。

耶穌雖然從起初就知道猶大的為人，但祂還是洗他的腳。而且這叛徒有權與基督同進聖餐。這位大有忍耐的救主發出多次勸告，希望這罪人能接受祂，並悔罪改過、洗除罪汙。這是給我們的榜樣：當我們認為某個弟兄犯錯誤或犯罪時，千萬不可離棄他。不可漠不關心地與他隔離，讓他陷在試探之中，作撒但的獵物，或者把他趕到撒但的陣地上去。這不是基督的方法。正因為門徒有錯誤和缺點，祂才洗他們的腳，而且除了猶大一人之外，其他門徒都因此而悔改了。

基督的榜樣不許祂的門徒排斥他人參加聖餐。聖靈固然明白指示，公然犯罪的人不得參加聖餐（見林前五：11）。但除此之外，

沒有人可以擅自判定別人。上帝並沒有讓任何人來決定誰可以參加這禮節；因為誰能洞察人心呢？誰能將稗子從麥子中分別出來呢？「人應當自己省察，然後吃這餅、喝這杯。」因為「無論何人，不按理吃主的餅，喝主的杯，就是干犯主的身、主的血了。」「因為人吃喝，若不分辨是主的身體，就是吃喝自己的罪了。」（林前一一：28，27，29）

當信徒聚集舉行聖禮時，必有肉眼看不見的使者前來參加。這群人中，或許也有個猶大。若是這樣，就必有黑暗之君所派來的使者在場，因為他們總是伴隨著一切不肯受聖靈約束之人。然而，天上的使者也必在場。每一次這樣的聚會都有這些看不見的「來賓」參加。或許也有一些不是誠心愛慕真理的人願意參加，但不應當禁止他們。因為當日耶穌為門徒和猶大洗腳時，那些在場的見證者也必來到我們中間。當時看到那幕景象的天上使者將比我們人類更多。

基督必藉著聖靈前來印證自己的禮節。祂必在場將人剛硬的心感化過來，叫人知罪。各人眼神所表露和內心所蘊藏的痛悔，都不能逃過祂的注意。祂正等待著痛心悔改的人，一切都已準備好來接納他們。曾為猶大洗腳的主，渴望洗去每個人心中的罪汙。

我們不要因為有些不配的人在場就不去參加聖餐。每個門徒都當公開參與，藉此表明他接受基督為他個人的救主。基督必在這些祂自己所指定的約會中與祂的子民相交，並由於祂的臨格而加給他們力量。即或主持聖禮的人因心手不潔而不配，但基督依然要在那裡服事祂的兒女。凡全心信靠祂而來參加的人，必大大蒙福。凡疏忽這些與上主親近的機會的人，必定遭受損失。對這等人，正可說他們「不都是乾淨的。」

基督既與門徒一同吃餅，一同喝那杯，就是與他們立約作他們的救贖主。祂把這新約交託他們，使一切接受祂的人都能成為上帝的兒女，並與基督同作後嗣。由於這新約，他們就能享有上天所能賜的今世和來生的一切福惠。這約是要用基督的血使之生效的。這聖餐禮是要門徒記念那為整個墮落的人類、也是為他們個人獻上的偉大犧牲。

但聖餐不該成為悲哀的禮節，因為這原不是它的宗旨。當主的門徒聚集吃祂的聖餐時，他們不可追念或悲嘆自己的缺點，不要懷念自己過去的宗教經驗，不論它是令人鼓舞或是令人沮喪的。他們也不要回憶自己與弟兄之間的分歧。洗腳的預備禮節已把這一切都解決了。自省、認罪、彼此和好，都已經作過了。現在他們是來與基督交通：不是站在十字架的陰影之下，而是在其救恩的光輝之中。他們要打開心門接受公義日頭的燦爛陽光。由於基督的寶血洗淨了他們的心，他們的肉眼雖然看不見祂，但內心能充分感覺祂的臨格；他們要聽見祂的話，說：「我留下平安給你們，我將我的平安賜給你們；我所賜的，不像世人所賜的。」（約一四：27）

我們的主說：「當你自知有罪時，要記住我已經為你死了。當你為我和福音的緣故遭受虐待、逼迫和苦難時，要記住我的愛是多麼大，以致我為你捨了性命。當你覺得你的責任艱難，你的負擔沉重時，要記住我曾為你的緣故忍受十架，輕看羞辱。」當你因難堪的試煉而畏縮退避時，要記住你的救贖主是長遠活著在為你祈求。

聖餐禮是預指基督第二次降臨。它的宗旨就是要把這指望生動地銘刻在門徒心中。每逢聚在一起記念祂的死時，他們就重述祂怎樣「拿起杯來，祝謝了，遞給他們說，你們都喝這個，因為這是我立約的血，為多人流出來，使罪得赦。但我告訴你們，從今以後，我不再喝這葡萄汁，直到我在我父的國裡，同你們喝新的那日子。」他們在苦難中，就因指望他們的主復臨而得了安慰。他們想起這句話：「你們每逢吃這餅，喝這杯，是表明主的死；直等到祂來。」（林前一一：26）這應許對他們真有言語難以形容的安慰。

這些事我們永不可忘記。耶穌的愛及其激勵人的能力，我們應時常記念。基督設立此禮，是向我們說明上帝為我們的緣故所表露的愛心。若不是透過基督，我們的心靈絕不能與上帝聯合。而且弟兄與弟兄之間的聯合與愛心，也必須因耶穌的愛而凝聚，垂諸永久。唯有基督的死，才能使祂的愛在我們身上生效。唯有因祂的死，我們才能歡歡喜喜地仰望祂的復臨。祂的犧牲是我們指望的中心。我們的信仰必須建立於此。

我們往往把那些指著救主受辱和受苦的禮節，過分形式化。基督設立這些禮節，原是有一定的目的。我們的良知良能必須覺醒起來，去掌握敬虔的奧祕。大家都有特權更深入地去領會基督為人贖罪而受的苦難。「摩西在曠野怎樣舉蛇，」人子也已經照樣被舉起來，「叫一切信祂的，不至滅亡，反得永生。」（約三：14，16）我們必須仰望髑髏地掛著垂死之救主的十字架。我們務必篤信基督，這關係到我們永恆的利益。

我們的主說：「你們若不吃人子的肉，不喝人子的血，就沒有生命在你們裡面。……我的肉真是可吃的，我的血真是可喝的。」（約六：53－55）就我們的肉體而論，這兩句話也是實在的。因為連我們在地上的生活，也要歸功於基督的死。我們吃的飯是祂捨身得來的。我們喝的水是祂流血換來的。每個人，不論是聖徒或罪人，在吃飯的時候，都是靠基督的身體和寶血而得滋養。每一餐飯，都帶有髑髏地十字架的印鑑。每一口泉水、都反映它的光輝。這一切，基督在設立那代表祂偉大犧牲的禮節時都說明了。在樓房上舉行的那一次聖餐與典禮所照出的亮光，使我們每日的飲食成為神聖。於是家庭的飯桌成了主的筵席，而每一頓飯都成為一次聖餐了。

就我們屬靈的生活而論，基督的話尤為真實。祂說：「吃我肉喝我血的人就有永生。」只有接受在髑髏地的十字架上為我們流出的生命，我們才能度聖潔的生活。而我們是因接受祂的話，並實行祂所吩咐的事，才能獲得這生命。這樣，我們就與祂合而為一。祂說：「吃我肉喝我血的人常在我裡面，我也常在他裡面。永活的父怎樣差我來，我又因父活著；照樣，吃我肉的人也要因我活著。」（約六：54 ，56 ，57）這段聖經特別適用於聖餐禮上。當我們因信而思念主的偉大犧牲時，我們的心靈就必吸收基督屬靈的生命；我們也必從每次聖餐禮中得到屬靈的力量。於是這禮節就形成一種活的金鏈條，把信徒與基督連在一起，因而也與天父聯在一起了。可見這一禮節，在需有倚靠的人類與上帝之間建立了密切的聯絡。

當我們領受那代表基督捨身流血的餅和杯時，我們就在想像中參加了那在樓房裡舉行的聖餐。我們也進入了那因背負世人罪孽的主所受慘痛而成聖的客西馬尼園。我們也似乎看到了祂那使我們與上帝和好的掙扎。如此，基督釘十字架就活現在我們眼前了。

當我們仰望被釘的救主時，我們就更充分地明白天上的主宰所付重大而深奧的犧牲意義。救恩計畫向我們大放光芒，而我們一想起髑髏地的景象，就必激發出活潑和神聖的感情。我們就必要口唱心和地讚美上帝和羔羊，因為常懷念髑髏地感人情景的人，心中不會留有驕傲和自我崇拜的念頭。

凡仰望救主無比之愛的人，定能提升思想境界，潔淨心靈深處，提升道德品性；定能作世上的光，各自以不同模式反射那神奇之愛。我們越多思念基督的十字架，就越能像使徒保羅一樣說：「我斷不以別的誇口，只誇我們主耶穌基督的十字架。因這十字架，就我而論，世界已經釘在十字架上；就世界而論，我已經釘在十字架上。」（加六：14）

第拾肆章
「你們心裡不要憂愁」。

本章根據：約一三：31~38；一四～一七章。

基督以神聖的愛憐和最親切的同情看著門徒說：「如今人子得了榮耀，上帝在人子身上也得了榮耀。」這時猶大已離開樓房，只有基督與十一個門徒在一起。祂要和他們談他們之間即將臨到的離別；可是在祂未談之前，祂要先指明自己使命的偉大目的。祂常將這目的擺在自己面前。祂的屈辱和受苦將要榮耀天父的名，這就是祂的喜樂。祂要先引門徒想到這個問題。

於是祂就用最親切的稱呼「小子們」對他們說：「我還有不多的時候與你們同在，後來你們要找我，但我所去的地方你們不能到。這話我曾對猶太人說過，如今也照樣對你們說。」

門徒聽了這話甚覺憂愁。恐懼籠罩了他們。他們緊緊地靠近救主。祂是他們的夫子，是他們的主，是他們敬愛的良師和益友；祂對他們實在是比生命還寶貴。他們曾在一切困難中仰賴祂的幫助，在憂傷和失望中仰望祂的安慰。現在祂要離開他們這孤獨軟弱的小群，這使他們心中布滿了陰影。

但救主的話充滿著希望。祂知道他們要受到仇敵的襲擊；也知道撒但的詭計在因困難而心中苦悶的人身上是最有效的。所以祂勸他們不要「顧念所見的，乃是顧念所不見的。」（林後四：18）祂要把他們的思想從地上的漂流轉向天上的家鄉。

「你們心裡不要憂愁，你們信上帝，也當信我。在我父的家裡有許多住處；若是沒有，祂說，我就早已告訴你們了。我去原是為你們預備地方去。我若去為你們預備了地方，就必再來接你到我那裡去；我在哪裡，叫你們也在那裡。我往哪裡去，你們知道；那條路，你們也知道。」我來到世上，是為你們的緣故。我現在是為你們服務的。我去了之後，仍要殷勤地為你們服務。我到世上來，向你們顯示自己，使你們可以相信。我到父那裡去，與祂一同作工，也是為你們的緣故。基督的離別，正與門徒的擔心相反。這不是永久的離別。祂去原是為他們預備地方，以便再來接他們到祂那裡去。當祂為他們建造「住處」之時，他們也要照祂神聖的模式建造自己的品格。

但門徒心中依然是一片疑團。那常為疑惑所困的多馬說：「主啊，我們不知道你往哪裡去，怎麼知道哪條路呢？」耶穌對他說：「我就是道路、真理、生命；若不藉著我，沒有人能到父那裡去。你們若認識我，也就認識我的父。從今以後，你們認識祂，並且已經看見祂。」

通向天國的道路並沒有多條可走。人不可任意選擇自己的道路。基督說：「我就是道路、……若不藉著我，沒有人能到父那裡去。」自從上帝第一次宣講福音，就是在伊甸園聲稱女人的後裔要傷蛇的頭之時起，基督就被高舉為道路、真理、生命了。亞當在世的時候，基督就已經是「道路」，亞伯將被殺之羔羊的血奉獻給上帝時，就是預表救贖主的寶血。基督就是眾先祖與先知賴以得救的「道路」。祂也是我們藉以到達上帝面前的唯一「道路」。

基督說：「你們若認識我，也就認識我的父。從今以後，你們認識他，並且已經看見祂。」但是門徒還不明白。腓力大聲說：「求主將父顯給我們看，我們就知足了。」

基督希奇腓力悟性的遲鈍，就痛心而驚異地問他說：「腓力，我與你們同在這樣長久，你還不認識我嗎？」難道你還看不出父藉著我所作的工作嗎？你不相信我來是為父作見證的嗎？那「你怎麼說『將父顯給我們看』呢？」「人看見了我，就是看見了父。」基督成了肉身之後，依然不失其為上帝。祂雖然自己降卑為人，但祂仍有祂的神體。唯有基督能將父向人類表明出來，門徒享有親眼看見這活真像的特權，已經三年多了。

「你們當信我，我在父裡面，父在我裡面；即或不信，也當因我所作的事信我。」藉著基督在祂的作為上所顯出的憑據，他們盡可以堅定自己的信心。這種作為是世人靠自己所從來沒有作過，也是永遠不能作的。基督的作為證明了祂的神性。天父已藉著祂顯明出來了。

門徒若真相信天父與祂兒子之間有這種密切關係，及至看到基督為拯救喪亡世界而受苦受死時，他們就不至於失去信心了。基督想領他們走出信心的低谷，進入另一種體驗，就是切實體會到：基督就是上帝在肉身中顯現。祂希望他們能提升認識，將他們對基督的信心引向上帝，並且鞏固起來。我們慈悲的救主是如何熱心地、恆切地預備門徒去應付那即將襲來的豪雨般試探啊！祂甚願他們和祂一同藏在上帝裡面。

基督說這些話的時候，臉上發出了上帝的榮光，當在場的人聚精會神地傾聽祂講話時，無不感到神聖的敬畏。他們的心就更切實地被祂吸引住；而當他們因這吸引而更愛基督時，他們彼此之間也更加團結了。他們感覺到天庭近在咫尺，而且深知他們所聽的話，就是天父所要傳給他們的信息。

基督接著說：「我實實在在地告訴你們：我所作的事，信我的人也要作。」救主切切地希望祂的門徒能明白，祂的神性與人性聯合的目的。祂到世界來，乃是為要彰顯上帝的榮耀，使人得以因祂更新的能力被救拔出來。上帝在基督身上顯明出來，是要讓基督也在祂的門徒身上顯明出來。耶穌所顯示的品德和所行使的權能，都是人們能因信而獲得的。只要他們像耶穌一樣順從上帝，一切跟從祂的人都能具備祂那十全十美的人性。

「並且要作比這更大的事，因為我往父那裡去。」基督這句話的意思，不是說門徒工作的性質比祂的更為高超偉大，而是說他們工作的範圍更寬廣。祂的話不單是指行神蹟，也是指在聖靈運行之下所要成就的一切事。

救主升天之後，祂的應許就實現在門徒身上了。基督被釘、復活和升天的種種景象，對他們是活的現實。他們看出許多有關祂的預言都一字一句地應驗了。於是，他們就去查考聖經，並以從未有過的信心和把握來接受其中的教訓。他們確知這位神聖的教師就是祂所自稱的一切。當他們講述這一經歷，高舉上帝之愛時，人心就被融化、馴服，許多人就信了耶穌。

救主對門徒的應許，也是給各時代的教會的，直到末時。上帝的旨意，不是要基督救贖世人的奇妙計畫只取得一點微小的成就。凡樂意作工的，若不依靠自己的能力，而讓上帝的大能透過他們來作，祂的應許必能完全實現：「並且要作比這更大的事，因為我往父那裡去。」

當時門徒尚未深知救主具有無限的資源和能力。祂對他們說：「向來你們沒有奉我的名求什麼。」（約一六：24）救主說明，他們成功的祕訣在於奉祂的名祈求力量和恩典。祂要親自在父面前為他們代求，祂要以每個謙卑懇求者的祈禱為祂自己的祈禱，替他們在父面前代求。每一句誠懇的祈禱，必為上天所垂聽，禱告的詞句或許有欠通順，但只要句句出自內心，就必上升到耶穌進行服務的聖所之中。祂要將我們的祈禱獻到天父面前，其中不再有一點艱澀難言、扭扭捏捏的言詞，卻要滿載著祂那完美品德的美麗和芬芳。

誠實正直的路，總不是一帆風順、沒有阻礙的；不過，我們應把每一個困難看為主呼召我們來禱告的良機。沒有哪個人的能力不是從上帝來的；而且這能力之源是向最軟弱的人敞開供應的，耶穌說：「你們奉我的名無論求什麼，我必成就，叫父因兒子得榮耀。你們若奉我的名求什麼，我必成就。」

耶穌吩咐門徒「奉我的名」祈求。跟從基督的人務要奉祂的名侍立在上帝面前。由於為他們付出的犧牲代價，他們在主眼裡是有價值的。因基督的義歸與他們，他們就被視為寶貴。上帝因基督的緣故，赦免凡敬畏祂的人。祂在他們身上看到的不是罪人的汙穢，卻認出他們所信之主的形像。

當主的子民低估自己時，祂就感到很失望。上帝願意祂所揀選的子民，照祂在他們身上所付出的代價來估量自己。上帝需要他們，不然，就不會差遣祂的兒子用這麼大的代價來救贖他們。祂有使用他們之處；所以，當人們為榮耀上帝的名，向祂提出最高的要求時，祂是非常喜悅的。如果他們相信祂的應許，就可望成就極大的事。

然而，奉基督的名祈求，還意味著我們要接受祂的品格，表現祂的精神，並作祂的工。救主的應許是有條件的，祂說：「你們若愛我，就必遵守我的命令。」祂救人，不是讓人留在罪中，而是要救他們脫離罪惡。愛祂的人，要以順從來顯明他們的愛心。

真正的順從是出自內心的。耶穌的順從，也是出自內心的。我們若願意，祂就會使我們的思想與目的同祂一致，使我們的意念完全符合祂的旨意，好讓我們順從祂的旨意時，也就等於是在履行自己的意願。這樣，我們的意志受了冶煉，就必以作祂的工為最大的喜樂。當我們以認識上帝為至上的特權來認識祂時，我們的人生必成為經常順從上帝的一生。由於仰慕基督的品德，並保持與上帝交通，罪惡對我們就會變得可憎了。

基督在人性的生活中如何實踐律法，我們也能照樣而行，只要我們握住全能者的力量。但我們不可把履行自己本分的責任交給別人，等他們告訴我們該怎樣行。我們不能依靠人的指教。主樂意把我們的本分教導我們，正如祂樂意教導別人一樣。我們若憑信心來到祂面前，祂必親自向我們啟示祂的奧祕。當祂來親近我們與我們交通，如同與以諾交通時，我們內心就會火熱起來。凡決心不做任何不蒙上帝喜悅之事的人，在把他們的事向主陳明之後，就必知道該怎樣行。他們非但要得著智慧，也必得著能力。順從和服務的能力，都必照基督的應許賜給他們。上帝已把供給墮落人類之需要的「萬有」賜給基督，因為祂是人類的元首和代表。「並且我們一切

所求的，就從祂得著，因為我們遵守祂的命令，行祂所喜悅的事。」（約壹三：22）

基督獻上自己為犧牲之前，向父祈求最需要、最完備的恩賜給門徒。這個恩賜讓他們能以獲得恩典的無盡資源。祂說：「我要求父，父就另外賜給你們一位保惠師，叫祂永遠與你們同在，就是真理的聖靈，乃世人不能接受的。因為不見祂，也不認識祂；你們卻認識祂，因祂常與你們同在，也要在你們裡面。我不撇下你們為孤兒。我必到你們這裡來。」（約一四：16 － 18）

在此之前，聖靈早已在世上；從救贖的工作一開始，祂就在人心裡運行。但當基督在地上時，門徒不需要其他的幫助者。但當基督離開他們，他們定會感覺需要聖靈，那時，聖靈就必降臨。

聖靈是基督的代表，但不具人形，不受人性限制。基督因受人性限制，不能親自在各處與人同在。為了信徒的益處，祂要往父那裡去，並差遣聖靈來到地上，接續祂的工作。這樣，就沒有人因其所在的地點或因自身能與基督接觸而享有任何特權。藉著聖靈，人人都能親近救主。就此意義而言，主升上去之後與他們倒是更近了。

「愛我的必蒙我父愛他，我也要愛他，並且要向他顯現。」耶穌預見到門徒將來的遭遇。祂看到其中一個將上絞刑架；一個被釘十字架；一個要被流放到荒涼的海島上；其他的或遭逼迫或受死亡。祂應許在每次試煉中都與他們同在，藉以鼓勵他們。這應許至今沒有失去絲毫的效力。主的忠心僕人所遭遇的一切，主全知道；他們為祂的緣故，無論是被下在監裡，或被流放在孤寂的海島上，祂總要親自與他們同在，安慰他們。當信徒為真理的緣故受到不公正的法庭審問時，基督必站在他們身邊。加在信徒身上的凌辱，同樣加在基督身上。基督在祂門徒身上又重新被人定罪了。當信徒被幽禁在監獄的高牆之內時，基督要以祂的愛來鼓舞其心志。當一個人為祂的緣故受死時，基督必向他說道：「我曾死過，現在又活了，直活到永永遠遠，並且拿著死亡和陰間的鑰匙。」（啟一：18）「為我而犧牲的生命必蒙保守，並得著永久的榮耀。」

不論在何時何地，在一切憂愁或一切苦難之中，正當前途似乎黑暗，未來似乎難測，我們覺得孤獨無助，一籌莫展時，保惠師就要奉差遣來答應信心的禱告。環境或許會把我們與地上的親友分開，但沒有任何環境，沒有任何距離，能使我們與天上的保惠師隔絕。我們無論在哪裡，無論往哪裡去，他總在我們右邊扶助我們，支持我們，保護我們，鼓舞我們。

這時門徒還不明白基督這番話所包含的屬靈意義，故祂再向他們解釋說，祂要透過聖靈向他們顯示自己。「但保惠師，就是父因我的名所要差來的聖靈，祂要將一切的事指教你們。」你們絕不能再說：我不明白，也不再彷彿對著鏡子觀看模糊不清了。你們就「能以和眾聖徒一同明白基督的愛是何等長闊高深；並知道這愛是過於人所能測度的。」（弗三：18 ， 19）

門徒要為基督的生活和工作作見證。基督藉著他們的話，要向住在地上的一切人講話。但在基督的屈辱和受死中，他們將要遭受極大的試煉和失望。經受了這次考驗之後，為了使他們所講的話準確無誤，耶穌應許保惠師要「叫你們想起我對你們所說的一切話。」

祂接著說：「我還有好些事要告訴你們，但你們現在擔當不了。只等真理的聖靈來了，祂要引導你們明白一切的真理，因為祂不是憑自己說的，乃是把祂所聽見的都說出來，並要把將來的事告訴你們。祂要榮耀我，因為祂要將受於我的告訴你們。」耶穌雖然已經向門徒啟發極為重要的真理；然而，要門徒把祂的教訓與文士和法利賽人的遺傳和規條分別清楚，倒是極為困難的。他們從小就受了教育，把拉比的教訓當作上帝的話，而這些教訓在他們的意識和情感上，仍有相當的影響。屬世的理念和今生的事物，在他們思想中仍佔有相當大的地位。基督雖然多次向他們解釋天國屬靈的性質，但他們仍然不大領會。他們的思想還在混亂之中，所以不明白基督所舉出的經文的價值。祂的許多教訓似乎都被他們丟掉了。耶穌看出他們沒有把握住祂話裡的真實含義。祂慈悲地應許他們，聖靈必使他們想起這些話。還有許多門徒所不能明白的事，祂也留著不講，這些事要由聖靈來向他們顯明。聖靈要啟發他們的悟性，使們能領悟天上的事。耶穌說：「只等真理的聖靈來了，祂要引道你們明白一切的真理。」

保惠師又稱為「真理的聖靈」。其工作是闡明並維護真理。當祂是真理的聖靈住在人心裡時，祂就成了「訓慰師」。因為唯有在真理之中，才有安慰和平安；虛謊中是沒有真正的安慰的。撒但用以控制人心的工具，乃是虛假的學說和遺傳。祂令人注意虛構的標準來敗壞人的品格。聖靈卻藉著聖經向人心說話，揭露謬論，驅除謬誤，將真理銘刻心中。由於真理的聖靈用上帝的話所作的善工，基督使祂的選民順服自己。

耶穌向祂的門徒敘述聖靈的職務時，就想用那鼓勵祂自己心靈的喜樂和希望來鼓舞門徒。祂因為已經為祂的教會預備充分的幫助，就甚為喜樂。聖靈是基督為救拔自己的子民，向父所能求到的一切福分中的最大恩賜。上帝賜下聖靈作為使人重生的能力。若沒有聖靈，基督的犧牲便歸於徒然。罪惡的勢力在代代加強，世人屈服在撒但束縛之下的情況令人驚訝。人唯有倚靠第三位真神的大能大力，才能抵擋並得勝罪惡。有了聖靈，世界的救贖主所作成的大工才能生效。靠聖靈，人的內心才能變為純潔。基督已賜下祂的靈來制勝人類一切遺傳和後天養成的惡習，並把祂的品格印在祂的教會上。

耶穌論到聖靈說，「祂要榮耀我。」救主是要透過彰顯天父的愛來榮耀天父的；照樣，聖靈是要以向世人顯明基督的恩典，來榮耀基督。上帝的形像必須重現在人類身上。上帝的榮耀和基督的榮耀，同祂子民品格的完美是緊密關聯的。

「祂（真理的聖靈）既來了，就要叫世人為罪、為義、為審判，自己責備自己。」傳道的工作若沒有聖靈的時時同在和幫助，就不能生效。聖靈是神聖真理唯一有效的教師。唯有聖靈和真理一同進入人心，才能甦醒良心，改變生活。一個人盡可以講解聖經的字句，並熟悉其中的許多命令和應許；但若沒有聖靈用真理感化人心，就沒有人能掉在磐石上而跌碎。（按：指徹底悔罪，見太二一：44）一個人無論受過多少教育，無論有多大的才能，若沒有聖靈的合作，人就不能成為傳播真光的媒介。福音的種子，若沒有天上的雨露甦醒其中的生命，撒種的工作就不會有什麼收成。在基督升天之後，新約聖經還沒有一卷書寫成，福音的信息還沒有宣講一次之前，聖靈就已降在那些正在禱告的使徒身上了。隨後，他們的仇敵對他們作了這樣的見證：「你們倒把你們的道理充滿了耶路撒冷。」（徒五：28）

基督曾應許賜下聖靈的恩賜給祂的教會，我們也能承受這應許，如同初期的門徒一樣。但這也像其他的應許一樣，是附帶條件的。許多人相信、並表示願意承受主的應許；他們談基督，談聖靈，卻未得到什麼益處。因為他們沒有奉獻自己接受神聖能力的引領和管理。不是我們差用聖靈，乃是聖靈差用我們。上帝藉著聖靈在祂子民的心裡運行，使他們「立志行事……成就祂的美意。」（腓二：13）但是許多人不願意服從領導，他們要自作主張，這就是他們得不到天上恩賜的原因。唯有那些謙卑等候上帝，並注意祂領導和恩典的人，才能得到聖靈。上帝的能力在等著他們請求和領受，人若憑著信心領受這應許的福分，這福便會帶來一連串其他恩惠。上帝的能力是照著基督豐盛的恩典賜給人的，而基督也是隨時照各人領受的能力賜福給各人。

耶穌向門徒講話時，沒有對自己將受的苦難和死亡作任何悲觀的暗示。祂最後的臨別贈言，乃是賜平安的應許。祂說：「我留下平安給你們，我將我的平安賜給你們。我所賜的，不像世人所賜的，你們心裡不要憂愁，也不要膽怯。」

離開樓房之前，救主領門徒唱了一首讚美詩。從祂口中發出的不是悲哀曲調，而是逾越節讚美詩的快樂之聲：

> 萬國啊，你們都當讚美耶和華！
> 萬民哪，你們都當頌讚祂！
> 因為祂向我們大施慈愛，
> 耶和華的誠實存到永遠。
> 你們要讚美耶和華！
> （詩一一七：1－2）

他們唱完詩，便穿過城門，向著橄欖山慢慢地走去，各人心煩意亂。下山的時候，耶穌說：「今夜，你們為我的緣故都要跌倒，因為經上記著說：『我要擊打牧人，羊就分散了。』」（太二六：31）祂的聲調悲戚到了極點。門徒聽了，既憂傷，又吃驚。他們記得從前在迦百農的會堂裡，當基督說自己是生命的糧時，許多人都跌倒了，離祂而去。但那時十二個門徒並沒有不忠信的表示。彼得也曾代表弟兄們聲明他們對基督的忠誠。那時救主曾說：「我不是揀選了你們十二個門徒嗎？但你們中間有一個是魔鬼。」（約六：70）最近在樓房裡，耶穌曾經說過，十二門徒中有一個要賣祂，還說彼得要否認祂。但現在耶穌的話是指著全體說的。

於是彼得竭力地抗辯說：「眾人雖然跌倒，我總不能。」他在樓房裡也曾對耶穌說過，「我願意為你捨命。」耶穌曾警告過他，說他當夜要否認他的救主。現在基督重述祂的警告說，「我實在告訴你：就在今天夜裡，雞叫兩遍以先，你要三次不認我。」「彼得卻極力地說：『我就是必須和你同死，也總不能不認你。』眾門徒都是這樣說。」（可一四：29－31）他們由於自恃，就不肯承認那全知的主多次重複的話。他們沒有準備好，來應付考驗，及至試探突然臨身時，他們才看出自己的軟弱無力。

彼得說他願意跟主下監或捨命，是出自真心，但他並不認識自己。在他心裡潛伏著一些不良的習性，只要受環境刺激，就會死灰復燃。若不認識自己的危險，這些習性會造成他永久的敗亡。救主看出，他專顧自己的心和自滿的情緒，甚至可能壓倒他對基督的愛。許多弱點，許多沒有根除的罪惡，草率的作風，急躁的性情，以及闖入試探的莽撞，在他過去的經歷中都常出現。基督的嚴肅警告是要他自我省察。彼得需要的是不再靠自己，而要更深切地信靠基督。他若虛心接受警告，就必懇求群羊的「牧者」，保守自己的羊。過去，他在加利利海上將要下沉時，曾喊叫說：「主啊，救我！「（太一四：30）基督就伸手拉住他。照樣，現在他若能呼求說：「救我脫離我自己」，他就必得蒙保守。但彼得覺得主不信任他，待他冷落無情了。他深感委屈，便更為自恃。

耶穌慈悲地看著祂的門徒。祂不能救他們脫離這次試煉，但祂絕不撇下他們，或不安慰他們。祂肯定地告訴他們，祂必掙斷墳墓的鎖鏈，而且愛他們的心絕不改變。祂說：「我復活以後，要在你們以先往加利利去。」（太二六：32）在他們還沒有否認救主之前，主就事先應許要赦免他們的罪。因此，在基督受死復活之後，他們知道自己已蒙赦免，仍是基督所心愛的。

耶穌和門徒朝橄欖山腳下的客西馬尼園走去。這是祂常去默想和禱告的幽靜之地。救主一路在向門徒解釋，祂到世上來的使命，和他們應同祂保持的屬靈關係。現在祂又用比喻來說明這教訓。那時皎潔的月亮映照出一棵茂盛的葡萄樹。耶穌讓門徒注意這棵樹，並用它作為象徵。

祂說：「我是真葡萄樹。」耶穌沒有選優美的棕樹，高碩的柏樹，或堅實的橡樹來代表自己，卻選了這長滿藤鬚的葡萄樹。棕樹、柏樹和橡樹都是獨立的，不需要支撐，而葡萄樹則纏繞著葡萄架攀緣而上。照樣，基督在祂的人性上，也必需依靠上帝的大能。祂說：「我憑著自己不能作什麼。」（約五：30）

「我是真葡萄樹。」在猶太人眼中，葡萄樹是最高貴的一種樹，用以象徵力量、優美和碩果纍纍。聖經說，以色列是上帝所栽培於應許之地的葡萄樹。猶太人因為自己與以色列有關，故常以此為他們希望得救的根據。但耶穌說，我是真葡萄樹。你們不要以為

「我是葡萄樹，你們是枝子。你們要常在我裡面，我也常在你們裡面。」

自己與以色列有關，就能與上帝的生命有分，承受祂的應許。要知道，唯有透過我，才能領受屬靈的生命。

「我是真葡萄樹，我父是栽培的人。」在巴勒史丹山上，我們的天父種了這棵優美的葡萄樹，而且祂自己就是栽培的人。有許多人讚賞這棵葡萄樹的華美，承認它的根源是從天上來的。但對以色列的領袖們來說，它卻「像根出於乾地。」他們就把這一顆樹打傷了，把它踩在他們不聖潔的腳下。他們的本意是要將它毀滅，令它永不再生。但天上的栽培者卻永遠不會忘記這棵樹。在人們以為它已經被毀了的時候，天上的栽培者卻把它重新栽培在牆的另一邊。這棵葡萄樹看不見樹幹，因它已隱藏起來，再不至於受人的粗暴待遇。但這葡萄樹的枝條卻已伸出，掛在牆外。藉此，其他的樹枝也可以接在葡萄樹上。人已經從這些枝子上採過葡萄，過路的人常摘取它的果實。

基督對門徒說：「我是葡萄樹，你們是枝子。」雖然祂不久要離開他們，但祂同他們屬靈的聯合是不會改變的。祂說：「枝子與葡萄樹的連結，說明你們同我應保持關係。新割下的嫩枝接在活的葡萄樹上之後，纖維連纖維，脈絡通脈絡，逐漸與樹幹長成一體；葡萄樹的生命便成了枝子的生命。照樣，死在過犯罪惡之中的人，因與基督聯合，也可得到生命。由於信靠耶穌為個人的救主，這種聯合便形成了。罪人就將自己的軟弱結合到基督的力量上，自己的窮因缺乏結合到祂的豐富上，自己的脆弱結合到基督持久的能力上，人就有了基督的心。基督的人性接觸我們的人性，使我們的人性接觸到祂的神性。如此，藉著聖靈的功能，人就得與上帝的性情有分，在愛子裡得蒙上帝的悅納。

這種與基督的聯合一旦形成，就必須經常保持下去。基督說：「你們要常在我裡面，我也常在你們裡面。枝子若不常在葡萄樹上，自己就不能結果子；你們若不常在我裡面，也是這樣。」這不是偶然的接觸，也不是時斷時續的聯合。枝子要成為活葡萄樹的一部分。從樹根輸送到枝子裡的生命、力量和使果實成熟的元素，需要經常不斷、不受阻礙的交通。枝子離了葡萄樹，就不能存活。耶穌說，你們從我所領受的生命，唯有藉著不斷地與我交通，才能保持到永恆。離了我，你們不能勝過罪惡，也不能抵擋試探。

「你們要常在我裡面，我也常在你們裡面。」常在基督裡面的意思，就是不間斷地接受祂的靈，並過一種完全獻身為祂服務的生活。人與上帝之間的交往，必須經常暢通無阻。枝子怎樣經常從活的葡萄樹裡吸取汁漿，我們也照樣依靠耶穌。因著信，從祂那裡領受力量，領受祂完美的品德。

樹根經由枝子，將養分輸送到最遠的樹梢上。照樣，基督也將屬靈的能力傳給每一個信徒。只要人與基督聯合，就沒有凋殘或枯槁的危險。

葡萄樹的生命，必在枝子所結的清香之果上顯明出來。耶穌說：「常在我裡面的，我也常在他裡面，這人就多結果子；因為離了我，你們就不能作什麼。」當我們因信而吸收上帝兒子的生命時，在我們的生活中就可看到聖靈所結的果子，一樣也不缺少。

「我父是栽培的人。凡屬我不結果子的枝子，祂就剪去。」枝子在外表上雖然連在葡萄樹上，但可能還沒有生命的連接。那樣，它就不會生長，也不會結果子。照樣，人也可能與基督有外表上的聯合，但實際上卻沒有因著信與祂真正的合而為一。人若自稱信仰宗教，就可以加入教會。但只有品格和行為才能顯明他是否與基督聯合了。不結果子的，就是假枝子。他們與基督分離後所必遭的徹底滅亡，正和死枝子的結局一樣。基督說：「人若不常在我裡面，就像枝子丟在外面枯乾，人拾起來，扔在火裡燒了。」

「凡結果子的，祂就修理乾淨，使枝子結果子更多。」跟從耶穌的十二使徒中，有一根枯乾的枝子將要被剪去。其餘的則要經過多次痛苦和試煉的修剪。耶穌用嚴肅而溫和的口氣說明了「栽培的人」的意旨。「修理乾淨」不免使人受痛苦，但使用剪刀的乃是天父。祂絕不會用粗暴魯莽的手，或漫不經心地從事工作。有些枝子爬在地上，所以必須割斷其依附在地的卷鬚。它們必須向上攀緣，得著上帝的支持。有些過於茂密的葉子，白白吸收了果子應得的營養，必須剪除。那些多餘的枝條，也必須剪去，好讓公義日頭的醫治之能照射進來。栽培的人還要剪掉有害的枝葉，使果子更豐盛繁多。

耶穌說：「你們多結果子，我父就因此得榮耀。」上帝要藉門徒顯示自己品德的聖潔、仁愛和慈憐。然而，救主並沒有囑咐門徒靠一己的努力來結果子。祂只吩咐他們常在祂裡面。祂又說：「你們若常在我裡面，我的話也常在你們裡面；凡你們所願意的，祈求，就給你們成就。」基督是藉著祂的話常在祂門徒裡面。這與「吃祂肉、喝祂血」所說明的聯合是同樣的。基督的話就是靈，就是生命。人領受了祂的話，就是領受了葡萄樹的生命。人活著「是靠上帝口裡所出的一切話」。（太四：4）基督的生命在門徒裡面所結的果子，必像在祂裡面所結的一樣。我們若在基督裡面活著，與基督連在一起，靠基督站立，並從基督吸收營養，我們就必照基督的樣式結果子了。

基督最後一次與門徒同在時，對他們最大的希望是要他們彼此相愛，像祂愛他們一樣。祂再三重複講這一件事：「我這樣吩咐你們，是要叫你們彼此相愛。」基督單獨同門徒在樓房時，對他們的頭一句吩咐就是：「我賜給你們一條新命令，乃是叫你們彼此相愛；我怎樣愛你們，你們也要怎樣相愛。」對門徒來說，這條命令是新的；因他們還沒有像基督愛他們一樣彼此相愛。祂看出：必須有新的理念與新的感情來支配他們，而且他們必須實行新生活的原則；藉著祂的生和祂的死，他們必須對愛獲得新的概念。在祂自我犧牲的榜樣之下，這條叫人彼此相愛的命令有了新的意義。恩典的全部工作，就是在愛心、捨己和犧牲上進行不斷的服務。在基督寄居地上的時期中，上帝的愛，無時無刻不從祂身上傾瀉而出，如同奔放的洪流。凡受祂精神感化的人，也必像祂一樣去愛人。那激勵基督的上帝之愛，必在他們之間的一切關係上激勵他們。

這種愛就是作基督門徒的憑據。耶穌說：「你們若有彼此相愛的心，眾人因此就認出你們是我的門徒了。」人若不是憑勢力或私利組成團契，而是因愛而走到一起來，他們就因此顯出超出人間一切影響力的感化之工。因這合一的精神的存在，便可知道，上帝的形像正在人身上恢復；一種新的生活原則，正培植在人心裡。這也顯明：神性裡有權能，足以抵抗超自然的惡勢力，而且上帝的恩典足以制服世人生來就有的私心。

這種愛若在教會中有所表現，就必惹起撒但的惱怒。耶穌說：「世人若恨你們，你們知道恨你們以先，已經恨我了。你們若屬世界，世界必愛屬自己的；只因你們不屬世界，乃是我從世界中揀選了你們，所以世界就恨你們。你們要記念我從前對你們所說的話：『僕人不能大於主人。』他們若逼迫了我，也要逼迫你們；若遵守了我的話，也要遵守你們的話。但他們因我的名要向你們行這一切的事，因為他們不認識那差我來的。」福音總是在反對、危險、損失和苦難之中，積極奮鬥而得以推進的。凡作這工的人，不過是在追隨他們夫子的腳蹤。

世人的救贖主基督，常遭遇表面上的失敗。祂到世界上來作慈悲的使者，在祂想提升並拯救人類的工作上所成就的，似乎很有限；撒但的勢力一直在擋祂的路，但祂從不灰心。祂在先知以賽亞的預言中說：「我勞碌是徒然，我盡力是虛無虛空；然而，我當得的理必在耶和華那裡，我的賞賜必在我上帝那裡。……以色列雖不到祂那裡聚集，但耶和華仍會看我為尊貴，我的上帝也成為我的力量。」以下的應許乃是賜給基督的：「救贖主以色列的聖者耶和華，對那被人所藐視、本國所憎惡……的如此說：『我要保護你，使你作眾民的中保，復興遍地，使人承受荒涼之地為業。』對那被捆綁的人說：『出來吧！』對那在黑暗的人說：『顯露吧！』……不飢不渴，炎熱和烈日必不傷害他們，因為憐恤他們的，必引導他們，領他們到水泉旁邊。」（賽四九：4，5，7－10）

耶穌從這些話裡得了安慰，不給撒但有機可乘。當祂在屈辱的路上走到最後一步，烏黑的愁雲籠罩祂的心靈時，祂對門徒說：「這世界的王將到，他在我裡面是毫無所有。……這世界的王受了審判。」現在「要被趕出去」（約一四：30；一六：11；一二：31）。基督以先知的慧眼，看到在最後的大鬥爭中所要發生的事。祂知道，當他呼喊「成了」的時候，全天庭都必歡呼。他彷彿聽見遠方傳來天庭歡慶勝利的音樂和吶喊聲。祂知道，那時撒但之國的喪鐘就要敲響，而基督的尊名必將傳遍全宇宙的諸世界。

基督因能為門徒成就遠超過他們所求所想的事，心中歡喜。祂確知天父在創世以前所發布的全能命令，所以祂講話很肯定。祂知道，以無所不能的聖靈武裝起來的真理，在同邪惡勢力的鬥爭中必能獲勝；那血染的旌旗必在祂的信徒上方勝利地飄揚。祂知道凡信靠祂的門徒，其人生也要像祂百戰百勝的人生一樣。此勝利雖在今生不被認可，但在永久的將來卻是得到承認的。

祂說：「我將這些事告訴你們，是要叫你們在我裡面有平安。在世上你們有苦難，但你們可以放心，我已經勝了世界。」基督不灰心，也不喪膽。祂的門徒也要顯示同樣恆久忍耐的信心。他們要像祂一樣生活，像祂一樣工作，因為他們依靠祂為他們的大工師。他們必須具有勇敢、毅力、堅忍的美德。雖有許多顯然不可能的事在攔阻他們，他們總要靠基督的恩典向前挺進。他們要克服困難，絕不為之悲嘆。不因任何事而絕望，要對萬事抱有希望。基督已用他無比之愛的金鍊，把他們聯結到上帝的寶座上。祂有決心讓他們獲得那從一切能力的泉源湧出來的宇宙間最高影響力。他們必然得到能力去抵抗邪惡，這能力決非世界、死亡或陰間所能勝過的。這能力必使他們得勝，如同基督得勝一樣。

基督的目的，是要天上的秩序，天上施政的計畫和天上神聖的和諧，都由祂地上的教會表現出來。這樣，祂就能在祂的子民身上得榮耀。公義的日頭必要透過他們，向世人發出燦爛的光輝。基督已經為祂的教會作好充分安排，使祂能從祂的贖民，就是祂用寶血買來的產業上，得到大榮耀。祂已將才能和福惠賜給祂的子民，使他們能代表祂的豐盛。教會既賦有基督的公義，受了基督的委託，就應將祂恩典和仁愛的一切豐盛，充充足足地完全彰顯出來。基督把祂百姓的純潔與完美，作為祂忍受屈辱的回報和附加的榮耀。基督這偉大的中心，從他身上要閃射出一切的榮耀來。

救主以堅強有力和充滿希望的話，結束祂的訓誨。然後就在禱告中盡情地傾述了祂心裡對門徒的擔憂。祂舉目望天說：「父啊，時候到了，願你榮耀你的兒子，使兒子也榮耀你；正如你曾賜給祂權柄管理凡有血氣的，叫祂將永生賜給你所賜給他的人。認識你獨一的真神，並且認識你所差來的耶穌基督，這就是永生。」

基督已經完成上帝交給祂的工作，已經在地上榮耀上帝。他顯明了天父的聖名。他已召集一班人在人間繼續他的工作。他說：「我因他們得了榮耀。從今以後，我不在世上，他們卻在世上，我往你那裡去。聖父啊，求你因你所賜給我的名保守他們，叫他們合而為一，像我們一樣。」「我不但為這些人祈求，也為那些因他們的話信我的人祈求，使他們都合而為一。……我在他們裡面，你在我裡面，使他們完完全全地合而為一，叫世人知道你差了我來，也知道你愛他們如同愛我一樣。」

這樣，基督用具有神聖威權的話，將祂所揀選的教會交在父手中。作為歸耶和華為聖的大祭司，替祂的子民代求。作為忠心的牧人，祂聚集祂的羊群在全能者的蔭下，在堅固牢靠的避難所中。而等待祂的，則是與撒但的最後決鬥，祂毅然地迎前應戰。

第拾伍章
客西馬尼。

本章根據：太二六：36~56；可一四：32~50；路二二：39~53；
約一八：1~12。

救主和祂的門徒慢慢地向客西馬尼園走去。逾越節之夜的一輪明月，從萬裡無雲的天空照耀著大地，更顯豐滿。這密布著從各鄉來過節所搭帳篷的城邑，已寂然無聲。

耶穌一路和門徒親切交談，教導他們，及至走近園邊，卻變得異常沉默。過去祂常來此默想祈禱，但從未像這慘痛的最後一夜如此心中充滿憂傷。耶穌在世的一生都行在上帝聖顏的光中。當祂與那些受撒但之靈鼓動的人進行鬥爭時，祂說道：「那差我來的，是與我同在，祂沒有撇下我獨自在這裡，因為我常作祂所喜悅的事。」（約八：29）但現在祂似乎已經與支持祂的上帝聖顏之光隔絕了。現在祂已被列在罪犯之中。祂必須擔負墮落人類的罪愆。我們眾人的罪孽都必須歸在這無罪者的身上。罪惡對祂顯得那麼可怕，祂所必須擔負的罪擔又是那麼沉重，甚至祂生怕自己會永遠與祂父的愛隔絕了。祂感到上帝對違背律法者所有的憤怒是那麼可怕，就呼喊說：「我心裡甚是憂傷，幾乎要死。」

當他們走近園子時，門徒注意到他們夫子的改變。他們從未見過祂這樣憂傷和沉默。祂越往前走，這驚人的憂傷就越發深重。然而他們不敢問祂這究竟是為了什麼。祂的身體搖擺不定，好像要跌倒似的。到了園內，門徒便趕快尋找祂常來的那僻靜去處，好讓夫子休息休息。現在祂每走一步都感到非常的吃力，祂大聲呻吟，猶如壓在可怕的重擔之下。倘若沒有門徒扶著祂，有兩次祂就跌倒在地了。

在園門口，耶穌把門徒留在那裡，囑咐他們為自己禱告，也為祂禱告。祂只帶彼得、雅各和約翰三人走向園內僻靜的地方。這三個門徒是基督最親信的同伴，他們曾在祂變像的山上看見祂的榮耀；看見摩西和以利亞與祂談話；還聽見從天上來的聲音；如今，基督在最大的鬥爭中也願意他們在祂身邊。他們從前常同祂在這僻靜地方過夜。在幽靜的夜裡，他們常警醒禱告片時，然後在離夫子不遠的地方安睡，直睡到清早，待祂喚醒他們重新出去作工。但這次祂希望他們與祂一同整夜祈禱，但又不忍令他們看見祂所要受的慘痛。

祂說：「你們在這裡等候，和我一同警醒。」

祂離開他們稍往前走，在他們還可以看見並聽見祂的地方俯伏在地。祂感覺到，因著罪祂與天父隔開了。這相隔的鴻溝是那麼寬，那麼黑，又是那麼深，祂的心靈不禁顫慄不已。祂絕不可運用祂的神能來逃避這極大的痛苦。祂既是人，就必須忍受人類犯罪的結果，必須忍受上帝對違背律法所有的憤怒。

這時基督的處境，是祂從來沒有經受過的。祂受的痛苦，有先知的話形容得最為恰當：「萬軍之耶和華說：『刀劍哪，應當興起，攻擊我的牧人和我的同伴。』」（亞一三：7）基督既作了罪人的替身和中保，祂就必須在上帝的公義審判之下受苦。祂看出了公義的意義。以前祂一向為人代求；而如今祂巴不得有人能為祂代求呢！

當基督感到祂與天父的聯合受到破壞時，祂唯恐單憑自己的人性對付不了那即將來臨需與黑暗權勢的鬥爭。從前在曠野的試探中，人類的命運一度陷入危機，那時基督得勝了；如今撒但要來作最後可怕的掙扎。他曾在基督三年的服務時期中，為這次的鬥爭作準備。這次鬥爭對撒但的關係重大。他若失敗，他掌權的希望即告斷絕；世上的國終必成為基督的國；他自己要被擊敗，被趕出去。但如能獲勝，世界就要成為撒但的國，人類也必永遠處在他的權勢之下。這場決定勝負的鬥爭已擺在基督面前，祂的心因怕與上帝隔絕而充滿了恐懼。撒但告訴基督，祂若成了罪惡世界的保人，這種隔絕將是永久的。祂將與撒但的國同列，而永不再與上帝為一了。

再者，這次的犧牲所能得到的收穫是什麼呢？世人犯罪作惡和忘恩負義，看起來是多麼沒有希望啊！撒但向救贖主強調當前局勢最惡劣的一面，說，那自稱在屬世和屬靈兩方面都超過他人的百姓，已經拒絕了你。上帝的諸應許，原是以他們為特選的子民向他們發出的；你是諸應許的基礎、中心和印證，而這些人竟在謀害你。你自己的門徒雖然聽過你的教訓，也曾積極參加過教會的工作，但現在卻要出賣你。你最熱心的一個門徒將要不認你。而且你所有的門徒都要離棄你。基督想到這裡非常憤恨。祂想起那些祂所要拯救、所愛護的子民，竟然參與撒但的陰謀，這真使祂心如刀扎，痛苦萬分。

這次的鬥爭是非常可怕的。其劇烈的程度，應以猶太國的罪惡和控告基督並出賣祂之人的罪惡，以及臥在那惡者手下的全世界之罪惡來衡量。世人的罪惡都重重地壓在基督身上，上帝對罪惡的憤怒，竟把祂的生命摧毀殆盡了。

看哪！基督正在考慮為人類的生命所要付的代價。祂在極度痛苦之中，緊緊伏在冰冷的地上，似乎是要免得自己被迫離開上帝太遠了。深夜的寒露落在祂俯伏的身上，祂卻毫不介意。從祂發青的嘴唇發出悲痛的呼籲，說：「我父啊，倘若可行，求你叫這杯離開我。」但就是在這時，祂還加上一句說：「然而，不要照我的意思，只要照你的意思。」

人在痛苦中常渴望有人同情。這種渴望是基督所深深感受到的。祂在過去常賜福給門徒，安慰他們，在憂傷困苦中護庇他們。所以現在祂在心靈極大的痛苦中，來到門徒那裡，渴望聽他們說些安慰的話。那過去常向他們說同情之話的主，現在正受著非人所能承受的痛苦，所以很想知道他們是否正在為祂，並為自己祈禱。罪惡的至毒是多麼凶險啊！祂盡可以任憑人類擔當自己犯罪的結果，而祂照舊無罪地站在上帝面前。這個試探是非常可怕的。祂巴不得祂的門徒能明白並賞識這一點，祂就能得到很大的鼓勵。

於是祂勉強站起來，步履蹣跚地走到祂留下的同伴那裡，但

「見他們睡著了」。若見他們在祈禱，祂就會放心了。倘若他們以上帝為避難所，撒但的能力就不能勝過他們，救主必因他們堅定的信心而得到安慰。但他們沒有注意祂重複的警戒：「總要警醒禱告。」起先，他們曾因看見一向那麼鎮靜莊嚴的夫子與難以領悟的憂傷搏鬥而非常不安。當聽到祂受苦的哭聲時，他們也曾祈禱。他們並沒有意思要離棄他們的主，無奈他們似乎被睡魔迷住了。其實他們若不住地向上帝懇切祈求，這種睡意是能擺脫的。可惜他們沒有認識到警醒、熱切的祈禱在抵擋試探時的重要。

耶穌在未來客西馬尼園之前曾對門徒說：「今夜你們為我的緣故，都要跌倒。」他們曾向祂堅決地保證，願意與祂一同下監，一同捨命。而且可憐又自滿的彼得還說：「眾人雖然跌倒，我總不能。」（可一四：27 ，29）可惜門徒所信賴的是自己。他們沒有聽基督的勸告：仰望那大能的幫助者。故此，當救主最需要他們的同情與祈禱時，他們竟睡著了。連彼得也睡得沉沉的。

那曾靠在耶穌胸前且受蒙愛的門徒約翰現在也睡著了。以約翰對他夫子所有的愛而言，總應該使他警醒吧！在他所愛的主最憂傷的時候，他總應該和祂一同懇切祈禱吧！過去救主常用整夜的工夫為他的門徒祈禱，使他們不至於失了信心。倘若現在耶穌問雅各和約翰，祂從前問過他們的一個問題：「我將要喝的杯，你們能喝嗎？我所受的洗，你們能受嗎？」他們就不敢像過去那樣回答說：「我們能」了（太二〇：22）。

門徒被耶穌的聲音驚醒，他們幾乎認不出祂了，祂的面貌因劇烈的痛苦改變了。耶穌對彼得說：「西門，你睡覺嗎？不能警醒片時嗎？總要警醒禱告，免得入了迷惑。你們心靈固然願意，肉體卻軟弱了。」門徒的軟弱引起了耶穌的同情。祂唯恐在祂被賣及釘死的時候，他們經不起那必定臨到的考驗。祂沒有責備他們，只說：「總要警醒禱告，免得入了迷惑。」就是在祂極痛苦的時候，還原諒他們的軟弱，說：「你們心靈固然願意，肉體卻軟弱了。」

這時，上帝的兒子又被極大的痛苦所襲，只得筋疲力盡，步履蹣跚地回到先前掙扎的地方去。祂的痛苦較前更甚。當祂心靈臨到劇痛時，祂的「汗珠如大血點，滴在地上。」園中一棵棵棕樹、柏樹，是祂極大痛苦的無言的見證人。從多葉的樹枝上，一滴滴露水落在祂憔悴的身上，好像自然界也在為單獨與黑暗勢力鬥爭的創造主灑下同情之淚呢！

不久前，耶穌還像一棵高碩的香柏樹巍然屹立，頂住那向祂襲來的暴風。頑固的意志和充滿惡毒狡猾的人心，妄想混亂祂的意志來制勝祂。那時祂以上帝兒子的神聖威嚴毅然挺立。現在祂卻像一根被狂風吹折的蘆葦。祂曾以勝利者的姿態走向祂工作的終點。在過去，祂一步一步地制勝了黑暗的勢力。祂已經得到榮耀，聲明是與上帝為一的。祂曾以毫不猶豫的聲調唱出讚美的歌聲。祂曾向門徒說勉勵和安慰的話。而現在黑暗掌權的時候到了。在夜靜更深的夜空中傳來的，不是祂勝利的吶喊，而是充滿人性痛苦的呻吟。救主的話傳到昏睡的門徒耳中，說：「我父啊，倘若可行，求你叫這杯離開我，然而，不要照我的意思，只要照你的意思。」

門徒起初原想到耶穌身邊去，但祂吩咐他們留在那裡警醒祈禱。當耶穌再到門徒那裡時，發現他們仍在睡覺。祂又感到渴望與人作伴，想聽到門徒說一些安慰的話來打破那幾乎要壓倒祂的黑暗迷魂陣。但他們的眼睛困倦，「他們也不知道怎麼回答。」耶穌走過來，驚醒了他們。他們見祂臉上痛苦的血汗，心中充滿恐懼。但祂心靈上的創痛他們還不明白。「祂的面貌比別人憔悴，祂的形容比世人枯槁。」（賽五二：14）

耶穌又離開他們回到原來禱告的地方，俯伏在地，為大黑暗的恐怖所壓倒。上帝兒子具有的人性在這場考驗中顫慄不已。現在祂不是為祂的門徒祈禱，使他們不至於失去信心；乃是為自己因受試

深而痛苦的心靈祈禱。可怕的時刻已經來到這決定世界終局的時刻。人類的命運正在天平上起伏不定。基督現在拒絕喝那犯罪的人類當喝的杯，還不太遲。祂很可以從祂的額上擦去那大血點似的汗珠，而聽憑人類在他們的罪孽中滅亡。祂很可以說，讓違犯律法的人們受他們罪惡的刑罰吧！我要回到我父那裡去。上帝的兒子願意喝那屈辱創痛的苦杯嗎？那無罪的一位願受罪惡咒詛的結果，去拯救有罪的人嗎？只聽耶穌發青的嘴唇戰戰兢兢地說道：「我父啊，這杯若不能離開我，必要我喝，就願你的旨意成全。」

祂三次發出這樣的祈禱。祂的人性，因那最後的大犧牲而三次畏縮不前；但現在人類的歷史全呈現在世界的救贖主面前。祂看出，如果祂丟棄那些違背律法的人，他們就必滅亡。祂看出人類的無依無靠，祂也看出罪惡勢力的猖獗。一個註定遭劫之世界的災難和悲痛出現在祂面前。祂看到其迫近的厄運，於是下了決心，願意付出任何代價來拯救人類。祂願意接受血的洗禮，使億萬將亡的人可以藉著祂得到永生。祂已經離開完全聖潔、快樂、榮耀的天庭，來拯救一隻迷失的羊——就是這個因犯罪而墮落的世界。現在祂絕不放棄祂的使命。祂決定要為那自願犯罪的人類作個挽回祭。在祂的祈禱中，現在只有順服的話：「這杯若不能離開我，必要我喝，就願你的旨意成全。」

既作了這個決定，祂就昏厥在地，良久才撐起身來。請問這時祂的門徒在哪裡呢？他們為何不用手輕輕扶起他們倒在地上的夫子，擦去那比世人更憔悴的額上之血跡呢？救主「獨自酒榨，眾民中無一人與祂同在。」（賽六三：3）

然而，上帝正在與祂兒子一同受苦。眾天使都看到救主的慘痛。他們看見他們的主被撒但的勢力所包圍，祂的人性被顫慄和不可思議的恐怖所壓倒。這時，天上寂靜無聲，彈琴的聲音止息了。眾天軍在沉寂的憂傷中看見天父從祂愛子的身上撤回祂的光明、慈愛和榮耀，便不勝驚異。如果人類能見到這一幕景象的話，那他們就更能領會到罪在上帝看來是多麼可憎了。

未曾墮落的諸世界和天上的眾使者，都全神貫注地觀看著這將要結束的鬥爭。撒但和他罪惡的黨羽，就是叛逆的全軍，也都切切注意著這救贖工作中的最大危機。善與惡兩大勢力都等著看基督重複三次的祈禱將有什麼答覆。眾天使都渴望來解救這位神聖的受苦者，然而這是不可能的。他們無法為上帝的兒子另找出路。在這千鈞一髮、危急存亡之際，當那神祕的杯在受難者手中搖搖欲墜的時刻，天開了，有一線光明射入那危機四伏、風暴連連的黑暗中，於是，那在撒但墮落之後代替他侍立在上帝面前的大能天使來到基督身邊。他來，不是要從基督手中把苦杯拿去，而是要以天父慈愛的保證來加強祂的力量，好喝下那苦杯。他來，要將能力帶給這兼有神人二性的懇求者。天使向祂指出那敞開著的諸天，並向祂說明，藉著祂的受苦，將有無數的生靈得蒙拯救。天使強調祂的父比撒但更大、更有能力。基督捨命的結果，必使撒但全然敗亡。世上的國必賜給至高者的聖民。天使又告訴祂，祂必看見自己勞苦的果效，便心滿意足；因為祂將要看見許許多多的人得救，永遠得救。

基督的痛苦雖沒有止息，但祂卻不抑鬱、不沮喪了。風暴雖然未曾減退，但它所襲擊的目標，基督，已經得了力量來應付其威勢。祂以鎮定沉著的姿態出現。祂血跡斑斑的臉上，有天上來的平安。祂已忍受無人能受的痛苦，因祂已為人人嘗了死味。

那些睡著的門徒，忽然被環繞著救主的榮光所驚醒。他們看見天使跪在仆倒在地的夫子身邊。他們看見天使捧起救主的頭移到自己的胸前，並用手指向上天。他們聽見他說出安慰和希望的話；他的聲音好像甜美的音樂。門徒想起登山變像的情景，記起了在聖殿中環繞著耶穌的榮耀，也記得上帝從雲彩中發出的聲音。現在又有相同的榮耀顯現，他們就不再為他們的主擔心了。祂是在上帝的照顧之下，一位大能的天使已奉差遣來保護祂。隨後，門徒又被睡魔所困，耶穌見他們又睡著了。

於是耶穌很憂傷地望著他們說：「現在你們仍然睡覺安歇吧！時候到了，人子被賣在罪人手裡了。」

正說話時，忽聽見那尋索祂的暴徒腳步聲，於是祂說：「起來，我們走吧！看哪，賣我的人近了。」

當耶穌迎著賣祂的人走去的時候，祂剛才痛苦的痕跡已全然不見了。祂站在門徒的前頭說：「你們找誰？」他們回答說：「找拿撒勒人耶穌。」耶穌回答說：「我就是。」當祂說這句話時，方才伺候耶穌的天使便置身於耶穌和暴徒之間。當時有一道神聖的光芒照在救主臉上，有個像鴿子的形體遮蔽著祂。在這種神聖榮光的顯現之下，那嗜殺成性的暴徒一刻也受不住，就狼狽地向後退去了。祭司、長老、兵丁、甚至猶大，都仆倒在地，像死人一樣。

一時，天使退去，榮光也消逝了。耶穌原本有機會可以逃走，但祂仍泰然自若地站著，好像已經得了榮耀，立在那些毫無能力，俯伏在祂腳前的一群惡徒之中。門徒又驚奇又敬畏，安安靜靜地在旁觀看。

情勢很快轉變了。暴徒站了起來，羅馬兵丁、祭司和猶大都上來圍著基督，似乎為自己的懦弱而羞愧，同時還怕祂逃跑。於是救贖主再問他們說：「你們找誰？」他們已有憑據證明那站在他們面前的是上帝的兒子，但他們不肯相信。對於「你們找誰？」這個問題，他們再回答說：「找拿撒勒人耶穌。」救主便說：「我已經告訴你們，我就是。」於是指著門徒說：「你們若找我，就讓這些人去吧！」祂知道他們的信心是多麼脆弱，故設法護庇他們，使他們脫離試探和考驗。為他們的緣故，祂已準備犧牲自己。

叛徒猶大沒忘記他要作的事。當暴徒進園時，他在前面引路，大祭司緊隨其後。他曾給捉拿耶穌的人一個暗號說：「我與誰親嘴，誰就是祂。你們可以拿住祂。」（太二六：48）現在他假裝與他們不是一夥的，便走到耶穌面前，好像知己的朋友一樣拉著祂的手，一再與祂親嘴，說：「請拉比安。」並裝出傷心的樣子，好像是對祂的遭遇表示同情。

耶穌對他說：「朋友，你來要作的事，就作吧！」接著又說：「猶大，你用親嘴的暗號賣人子嗎？」祂說這話時，聲調因憂傷而發顫。這句話本應激發那叛徒的天良，打動他的鐵石心腸；可惜，廉恥、正氣和人情都已丟棄了他；他膽大倨傲地站著，毫無謙和的表示。他已把自己交給撒但，所以沒有力量抵抗他。耶穌沒有拒絕叛徒的親嘴。

暴徒看見猶大與那剛才向他們顯出榮耀的人接觸，便壯起膽來捉拿耶穌，並進而捆綁祂那經常行善的雙手。

門徒總認為他們的夫子是不會讓人捉拿祂的。因為那曾使暴徒仆倒在地像死人一樣的能力，也能使他們絲毫沒有辦法，直等到耶穌和祂的同伴逃掉為止。及至他們看見暴徒拿出繩子捆綁他們所愛之主的兩手時，他們既失望又憤恨。彼得勃然大怒，猛地拔出刀來，想要保衛他的夫子；但他只砍掉了大祭司僕人的一個耳朵。耶穌看見這情景，便鬆開羅馬士兵所緊緊捆住的雙手，說：「到了這個地步，由他們吧！」並摸那受傷的耳朵，耳朵立時就好了。於是對彼得說：「收刀入鞘吧！凡動刀的，必死在刀下。你想我不能求我父現在為我差遣十二營多天使來嗎？」 一營天使代替一個門徒。門徒心裡想：唷！他為什麼不救自己和我們呢？耶穌回答他們這個沒有說出口的問題，說：「若是這樣，經上所說事情必須如此的話怎麼應驗呢？」「我父所給我的那杯，我豈可不喝呢？」

猶太人的領袖們不顧自己的高尚地位，竟直接參與捉拿耶穌的事。因這件事非同小可，他們不放心交給手下人去辦。狡猾的祭司和長老們會同聖殿的衛兵和暴徒，一起跟著猶大到客西馬尼園去。這些顯貴們所加入的是一群什麼的人啊！乃是專愛興風作浪，使槍弄棍，好像出來捉野獸的一群匪類。

基督轉向祭司和長老們，用銳利的目光注視著他們。祂的話猶如全能者的利劍一般，使他們終身難忘。祂以威嚴的態度對他們說：「你們帶著刀棒出來拿我如同拿強盜嗎？我天天坐在殿裡教訓人，你們有機會可以拿我，但沒有下手。黑夜是更宜於你們的工作。」「現在卻是你們的時候，黑暗掌權了。」

門徒看見耶穌讓人拿住祂，捆綁祂，就恐慌起來。他們因祂容忍這種侮辱臨到自己和他們身上，大為不平。他們不理解祂的行動，並因祂不抵抗那些暴徒而心裡責怪祂。在他們的憤慨和恐懼之中，彼得主張他們各自逃命。於是眾門徒聽了他的話，「都離開祂逃走了。」但基督早已預言這件事說：「看哪，時候將到，且是已經到了，你們要分散，各歸自己的地方去，留下我獨自一人；其實我不是獨自一人，因為有父與我同在。」

第拾陸章 在亞那和該亞法面前。

本章根據：太二六：57~75；二七：1；可一四：53~72，一五：1；
路二二：54~71；約一八：13~27。

暴徒急急忙忙帶著耶穌渡過汲淪溪，經由果園，穿出橄欖樹林，進到城裡，人們皆已入睡。此時半夜已過，街道寂靜；但跟著祂的暴徒發出的叫囂聲驚破了深夜的沉寂。救主被捆綁著，在嚴密的監視下艱難地走著。那些捉拿祂的人卻毫不在意，只是急急忙忙把祂解到前任大祭司亞那的公館裡去。

亞那是當時眾祭司的首腦，雖然已退休，民眾因他年高德劭，仍尊他為大祭司，一應事宜要先請示他，看他的指示猶如上帝的命令一般。故他必須先目睹耶穌為祭司權力的階下囚。在審問這個已決犯時他必在場，因怕那比他經驗少的該亞法辦事達不到他們的目的。在這重要關頭，少不了亞那的謀略、奸詐和狡猾。因為無論如何，他們必須確定基督的罪名。

基督應當在猶太公會前正式受審，但這時卻先要在亞那面前預審。當時猶太的公會在羅馬人管理之下，是不能執行死刑的。他們只能審問已決犯和透過判決，但必須經過羅馬當局的批准才能生效。所以控告基督的罪狀，必須是羅馬人所承認的刑事案件；同時也必須找出一個猶太人所看為嚴重的罪名。在祭司和官長中有不少人信服基督的教訓；只因怕被趕出會堂，才沒承認祂。祭司們也沒有忘記尼哥底母的問題：「不先聽本人的口供，不知道祂所作的事，難道我們的律法還定祂的罪嗎？」（約七：51）這個問題曾一度破壞他們的計畫，使議會不歡而散。所以亞利馬太的約瑟和尼哥底母這次沒有被請出席，但是或許還有別人敢出來主持正義；所以這次的審判必須布置妥當，使所有公會議員都能團結一致來反對基督。祭司們希望能確定祂兩條罪名：證明耶穌說過褻瀆的話，猶太人就能定祂的罪；再確定祂煽動叛亂，羅馬人就能定祂的罪。亞那想先確定第二條罪名；就以耶穌的門徒和祂的教訓盤問祂，希望從這個已決犯的口供中找到口實的材料。他想叫祂講一些話、用以證明祂在成立一個建設新國度的祕密組織。於是祭司們就能把祂交給羅馬人，定祂破壞社會治安和煽動叛亂的罪名。

基督對祭司的這個陰謀瞭若指掌。祂否認和門徒之間有任何祕密的組織，否認祂曾在暗地裡召集他們隱匿祂的計畫。至於祂的宗旨或教訓，祂從來沒有一點不可告人的隱事，祂回答說：「我從來是明明地對世人說話，我常在會堂和殿裡，就是猶太人聚集的地方教訓人；我在暗地裡並沒有說什麼，」

救主把祂自己的作風和控告祂之人的手段作了個對比。好幾個月以來，他們緊緊地追尋著祂，想使祂陷入圈套，好帶祂到祕密的法庭前，用假見證來達到他們用正當方法所不能達到的目的。如今他們正在進行他們的計畫。暴徒在半夜捉拿耶穌，又在祂沒有被定罪，甚至還沒有被控告之前就施以嘲笑和凌辱。這是他們的手段，不是救主的作風。他們的行動是違法的。他們自己的條例規定，在沒有證明人有罪之前，待祂須如同無罪的人一樣。可見祭司們已被自己的條例定為犯法的了。

耶穌轉過來對審問祂的人說：「你為什麼問我呢？」祭司和官長們豈沒有差奸細窺探祂的行動嗎？奸細豈沒有把祂的每句話都報告給他們嗎？這些奸細豈不是每次都參加民眾的集合，而把祂一切的言行報告給祭司嗎？耶穌又說：「可以問那聽見的人，我對他們說的是什麼；我所說的，他們都知道。」

這斷然的回答使亞那啞口無言。他唯恐基督說出他們所要保守的祕密，所以就不再問基督什麼了。亞那的一個差役看見他被基督問得無言可答，不禁怒氣發作，就打耶穌的臉，說：「你這樣回答大祭司嗎？」

基督很鎮靜地回答說：「我若說得不是，你可以指證那不是；我若說得是，你為什麼打我呢？」祂沒有一句激烈或報復的話。祂鎮靜的回答，是從祂那一顆無罪、忍耐、溫和、不輕易發怒的心發出來的。

基督在虐待和侮辱之下深感痛苦。在祂所造的人和祂將要付無限犧牲來拯救的人手中，祂受盡了各樣的凌辱。而且祂所受的痛苦，正是與祂完全聖潔和對罪惡的恨惡成正比例。祂忍受那些行動如同惡魔之人的審問，這在祂已經是無限的犧牲了。祂被一班在撒但控制之下的人所包圍，是祂所極難忍受的。祂也知道，只要祂一顯神威，就能在片刻之間使那些殘酷地虐待祂的人仆倒在地。想到這一切，祂的磨煉就愈加難以忍受了。

猶太人向來就仰望一位能在儀表上炫耀的彌賽亞。他們希望祂能用足以克服一切的意志，一舉而改變人的思潮，強迫人們承認祂的至尊王權。這樣，他們相信，祂就可以達到高舉自己的目的，也能滿足他們野心的奢望。所以當基督受到侮辱的待遇時，就有強烈的試探臨到祂，要祂顯示自己的神性。只要祂說一句話，或用眼睛一看，就能迫使那些逼迫祂的人承認祂為超乎君王、首領、祭司和聖殿之上的主。但要保持祂所自己選擇，作人類一分子的地位，這確是祂很難做到的。

天上的使者每看到一件侮辱他們所愛之元帥的行動，就巴不得能前去營救祂。在上帝的權柄之下，天使是全能的。古時他們服從基督的命令，在一夜之間曾殺死了十八萬五千名亞述的軍兵。這些天使看到基督受審時那種不堪視聽的情景，若要表示他們的義憤而將上帝的仇敵消滅，真是易如反掌。可是上帝並沒有吩咐他們這樣行。那能置仇敵於死地的救主，反而甘願忍受他們的虐待。祂對天父的愛，以及祂在創世之前所立替世人擔當罪孽的誓約，使祂毫無怨言地忍受著祂要拯救之人的粗暴待遇。在人性上忍受世人堆在祂頭上的一切咒罵和侮辱，原是祂使命的一部分。人類的唯一生路就在於基督忍受世人毒辣的手和殘忍的心所加在祂身上的一切痛苦。

基督雖然沒有給控告祂的人留下口實，但仍被綁著，表明祂是被定了罪的人。但無論如何，猶太權貴們必須裝出主持正義的樣子，必須有一種合法的審判形式。而且這審判還必須從速進行。因為他們知道民眾對耶穌的尊敬，所以生怕祂被捉拿的事一張揚出去，眾人就會設法營救祂。再者，如果審判不早日定案，立時執行，勢必因慶祝逾越節而延遲一週之久。這樣或許會使他們的計謀歸於失敗，也未可知。他們定耶穌的罪名，多半是靠暴徒的叫囂；而這些暴徒中有許多是耶路撒冷城的流氓。如果延擱一週，則眾人的情緒勢必冷淡下來，並且還有發生反作用的可能。許多百姓會轉而同情基督，許多人會出面作證為祂辯護，把祂所行大能的作為公之於眾。這樣就必激起公眾的憤恨。他們處理的方法會被認為不當，而耶穌一經釋放，則必重新受到群眾的崇拜了。因此，祭司和官長們決定，趁自己的陰謀未被發現之前，趕緊把耶穌交在羅馬人手裡。

但最重要的是要先找到一條罪狀。到現在為止，他們還沒找到什麼把柄。於是，亞那吩咐把耶穌解到該亞法那裡去。該亞法是撒都該人，在這一派人中，現在有許多是耶穌的死敵。該亞法自己雖是一個懦弱的人，可是他殘酷無情和橫行無忌的作風卻與亞那一般無二。為了除滅耶穌，他不惜用任何手段。這時已是清晨，但天色還未大亮；一群武裝士兵點著燈籠火把，將他們的已決犯解到大祭司那裡去。當公會議員正集合時，亞那和該亞法在這裡又重新審問耶穌一次，但也沒有問出什麼頭緒來。

當會議在審判廳召開時，該亞法坐在主席的座位上。兩旁坐著陪審官和那些特別關心這次審判的人。在公堂下面的平臺上，有羅馬士兵站立，耶穌則站在審判台前。那時廳內的人都注視著祂。大家的情緒很緊張，唯有耶穌從容不迫，態度鎮定。就是祂周遭的氣氛，似乎也瀰漫著一種聖潔的感化力。

該亞法一直視耶穌為他的匹敵。民眾熱切地聽救主講論，以及他們公開欣然接受祂的教訓，曾惹起這個大祭司惡毒的嫉妒。但這時該亞法望著他的已決犯，不禁為祂高貴和威嚴的風度所感動，不由得感悟到這個人的確很像上帝。但是這念頭在他心中只是曇花一現。他立刻用譏誚傲慢的聲調吩咐耶穌在他們面前行一件奇事；救主像沒有聽見似的，默不作聲。眾人心裡都將亞那和該亞法那種激動、凶惡的態度與耶穌鎮定、莊嚴的風度作了對比。連這些硬著心腸的民眾心中也發生一個問題：難道這麼像上帝的人會被當作已決犯而定罪嗎？

該亞法看出可能產生的影響，就趕緊進行審問。這時耶穌的仇敵大為困惑。他們一心想定祂的罪，卻不知道如何下手。猶太公會的議員原分為法利賽與撒都該兩派。這兩派人中存在著很深的仇恨和爭執，有些論點他們不敢提出討論，以免引起爭端。耶穌很可以用幾句話激起他們之間的成見，這樣就能轉移他們對自己的憤怒。該亞法很知道這一點，所以竭力避免引起爭論。那裡有許多見證人可以證明基督曾斥責祭司和文士，稱他們為假冒為善和殺人的人；但是把這樣的見證提出來並非上策，因為撒都該人與法利賽人激烈爭論時，也曾將這類似的話用在對方身上。而且這樣的見證，對那本來厭惡法利賽人的虛偽的羅馬人，也不會起多大的作用。此外，還有充分的憑據證明耶穌曾置猶太人的遺傳於不顧，並在言語中對他們的許多禮節表示不敬；但關於遺傳這一方面，法利賽人和撒都該人又是敵對的；而且這個憑據在羅馬人看來不重要。基督的仇敵不敢告祂犯安息日，唯恐經過查詢會顯明祂工作的性質。祂醫病的神蹟若都揭示出來，祭司所想達到的目的就必歸於失敗。

受賄買的假證人曾控告耶穌煽動叛亂，並企圖另立政權。但是他們的見證毫無根據，而且自相矛盾。在檢查之下，他們自己也否定了自己的見證。

基督在早期傳道時曾說：「你們拆毀這殿，我三日內要再建立起來。」祂是在這個預言的比喻中，預先說明自己的死和復活。

「耶穌這話，是以祂的身體為殿。」（約二：19 ，21） 但猶太人卻按字面來解釋這句話，以為耶穌是指著耶路撒冷的聖殿說的。在基督的一切言論中，除了這句話以外，祭司們找不到任何控告祂的把柄。他們想藉著歪曲這句話來尋得有機可乘。羅馬人曾從事重建聖殿和修理聖殿的工作，並且常因此而感自豪；任何誣蔑聖殿的舉動必要惹起他們的憤怒。唯有在這一點上，猶太人、羅馬人、法利賽人和撒都該人倒是能意見一致的；因為他們大家都對聖殿表示非常的尊敬。在這一點上他們找到了兩個證人，他們的見證並不像其他的假見證那麼自相矛盾；其中被賄買來控告耶穌的一個見證人說：「這個人曾說：『我能拆毀上帝的殿，三日內又建造起來。』」基督的話就這樣被他歪曲了。如果他們照著他原來所說的話報告出來，連公會也不能藉此來定祂的罪。若像猶太人所說的，耶穌不過是個人，那麼，祂的話也只能說祂沒有理性和誇大其辭而已，不能被曲解為犯了褻瀆的罪。祂的話雖經假見證人歪曲之後，羅馬人在其中也看不出足以定祂死罪的憑據。

耶穌忍耐地聽著這些自相矛盾的見證，沒有為自己申辯半句。最後那些控告的人困惑、混亂、發狂了。這一場審問並沒有頭緒，他們的計謀看來是失敗了，弄得該亞法無計可施。現在只剩下最後一招，他必須迫使基督定自己的罪。於是大祭司從審判席上站起來，怒容滿面，情緒緊張；他的聲音和態度表明假使可能的話，他就要把他的已決之犯當場除滅。他喊著說：「你什麼都不回答嗎？這些人作見證告你的是什麼呢？」

耶穌一言不答。「祂被欺壓，在受苦的時候卻不開口，祂像羊羔被牽到宰殺之地，又像羊在剪毛的人手下無聲，祂也是這樣不開口。」（賽五三：7）

最後該亞法向天舉起右手，用嚴肅起誓的模式對耶穌說：「我指著永生上帝叫你起誓告訴我們，你是上帝的兒子基督不是？」

對於這個要求，基督不能再保持緘默了。靜默有時，言語有時。祂至此沒開過口，直到直接被質問時。祂知道回答了，此時自己必死無疑。但這要求是由全國所公認為最高的威權，且是奉至高者的名而發的。基督必須對律法表示應有的尊敬。

更有甚者，這也涉及祂自己與天父的關係。祂必須清楚地聲明自己的身分和使命。耶穌以前曾對門徒說過：「凡在人面前認我的，我在我天上的父面前也必認他。」（太一〇：32）如今祂用自己的榜樣重述了這個教訓。

當時每隻耳朵都在傾聽，每一雙眼睛都注視著祂的臉。祂回答說：「你說的是。」當祂接著說下去時，似乎有一道天上來的光照在祂蒼白的臉上。祂說：「然而，我告訴你們，後來你們要看見人子坐在那權能者的右邊，駕著天上的雲降臨。」

基督的神性一時透過祂的人性閃耀出來。大祭司在救主銳利的目光之前膽戰心驚。基督的神色似乎洞察他隱藏的意念，刺進了他的內心。在他有生之年，他永不能忘記上帝的兒子那洞察人心的一瞬。

耶穌說：「後來你們要看見人子坐在那權能者的右邊，駕著天上的雲降臨。」基督在這些話中，把當時的情景調轉過來了。祂是生命和榮耀的主，必坐在上帝的右邊。祂必作全地的審判者，凡經祂判決的事，再無申訴之餘地。那時，一切隱藏的事都必在上帝聖顏光照之下顯露出來，各人要照他的行為受審判。

基督的話使大祭司吃了一驚。該亞法想到，有一天死人要復活，都站在上帝的審判台前，照他們的行為受報應，他就恐懼起來。他不願意相信，將來他要照著自己的行為受裁判，忽然間那最後審判的全幅情景都浮現在他腦際。一剎那間，他看見墳墓把其中的死人，連同他所希冀永遠隱藏的祕密全都交了出來，這對他的確是一幅可怕的景象。一剎那間，他覺得自己好像站在那永遠的審判者面前；基督看透萬事的眼目，正在洞察他的內心，並揭露了他認為已是和死人一同埋葬的祕密。

這一幕景象，隨即從大祭司的想像中消逝了。同時，基督的話觸怒了這個撒都該人。該亞法向來否定復活、審判和來生的道理，這時他著魔似地發怒如狂了。他能讓這個階下囚反對他所最重視的理論嗎？於是該亞法便撕開他的衣袍，不讓眾人看穿他掩飾不住的恐懼，並示意不必再行審問就可以定這個人犯了褻瀆的罪。他說：「我們何必再用見證人呢？這僭妄的話，現在你們都聽見了。你們的意見如何？」於是眾人定了祂的罪。

該亞法撕開衣服是出於內心的感悟與情感的衝動。他因自己一時相信了基督的話而自怨自恨，且發怒如狂。他沒有因深深地認識真理而撕裂自己的心腸，並承認耶穌是彌賽亞，反而撕開他祭司的衣服來表示堅決的抗拒。他這個舉動關係重大，而該亞法卻一點也沒有看出它的意義。他想用這個舉動來影響陪審官員定基督的罪，殊不知正定了自己的罪。根據上帝的律法，他已不配再擔任祭司的職任了。他已宣判了自己的死刑。

大祭司是不可撕裂自己的衣服的。按照利未人的律法，這樣作的就必被判死刑。無論在任何時機，任何情形之下，祭司都不可撕裂自己的衣服。按猶太人的風俗，在親友去世的時候，用撕裂衣服來表示悲哀，但祭司是不許照這風俗行的。關於此事，基督曾給摩西明白的指示。（見利一〇：6）

凡祭司所穿戴的必須是完美而沒有瑕疵的。這些華麗的聖衣，象徵那一切預表所指的真體耶穌基督。祭司在服裝和態度上，在言語和精神上，若不是完全的，就不蒙上帝悅納。上帝是聖潔的，他的榮耀和完全必須在地上的禮節中表明出來。所以，唯有完全的禮節才能正確地代表天上禮節的神聖。有罪的人原可以撕裂衣服來表示謙卑痛悔的心，這是上帝所重看的。但是祭司的衣服是不可以撕裂的，因為這樣就要損毀天上事物的象徵。大祭司若敢穿著撕裂的衣服執行聖職，從事聖所中的禮節，他就要被看為已經與上帝隔絕。他既撕裂衣服，就喪失了代表的身分，上帝也不再承認他有資格供聖職。該亞法所採取的這個舉動，是出於情感的衝動和人性的軟弱。

該亞法撕裂自己的衣服，就是廢棄了上帝的律法而隨從了人的遺傳，當時有一條人為的律法規定遇有褻瀆的事，祭司可以撕裂衣服來表示對這罪惡的憎惡而不算為有罪。這樣，人立的規條就廢棄了上帝的律法。

當時大祭司的一舉一動都為群眾所注意，所以該亞法想借實際行動來顯出自己的虔誠。但在這次舉動上他歸罪基督，實在是辱罵了上帝所說「祂是奉我名來的」一位（出二三：21）。可見他自己倒是犯了褻瀆的罪。上帝雖已經定了他的罪，他卻還敢宣判基督犯了褻瀆的罪。

該亞法撕裂自己衣服的舉動，正足以說明猶太國今後在上帝面前所有的地位。這曾一度蒙上帝特別恩待的子民，正在自動地與上帝隔絕，快要成為上帝棄絕的百姓了。及至基督在十字架上喊叫「成了」（約一九：30），聖殿的幔子裂為兩半時，那神聖的守望者就要宣布，猶太人已經拒絕了一切表號所代表，以及一切影兒之真體的主。以色列與上帝分離了。此時該亞法倒不妨撕裂他的聖袍，因這聖衣原表明他是真大祭司的代表；但此時這衣袍對自己、對猶太人已不再有任何意義了。大祭司倒應撕開他的衣袍，來為自己和猶太國表示慌恐顫慄吧！

猶太公會宣判耶穌犯了該死的罪，但這本身又犯了猶太人的一條律法，不可在夜間審問犯人。合法的罪案必須在白天，並在公會全體會議之前判決。雖然如此，這時他們卻把救主當作已經定了罪案的已決犯，交給下流卑鄙的人去侮辱並虐待。大祭司的公館四面有露天的院子，那裡有士兵和民眾聚集。耶穌被帶出來，經過這院子直到衛兵室，在各方面祂都遇到人拿祂自稱是上帝兒子的話來譏誚祂。祂自己所說的「坐在那權能者的右邊，」和「駕著天上的雲降臨」的話，也被人用來嘲笑祂。當祂在衛兵室等候正式審問時，祂一點也沒有受到保護。那些愚昧無知的暴徒，看見祂曾在公會前所受的虐待，也就更毫無顧忌地暴露他們性格中一切撒但般的邪惡。基督那高貴、上帝般的風度倒激起他們如癲如狂的怒氣。祂的溫柔，祂的無辜和莊嚴的忍耐，反而使他們充滿由撒但而生的仇恨。憐恤和公平，他們都置之不顧了。從來沒有犯人遭受過像上帝兒子所受那麼慘無人道的虐待。

但是，那使耶穌心碎且更殘酷痛苦和加在身上最沉重的打擊，還不是仇敵的手能給祂的。當基督在該亞法面前遭受非法審訊時，祂自己的一個門徒竟否認了祂。

耶穌的門徒在客西馬尼園內離棄了他們的夫子之後，其中有兩個冒著險，遠遠地跟著那解送耶穌的暴徒。這兩個門徒就是彼得和約翰。祭司們認出約翰是盡人皆知的耶穌門徒，所以讓他進到大祭司的院子裡，希望他看到夫子所受的屈辱，就不再相信這樣的人是上帝的兒子了，約翰替彼得講了情，彼得也進去了。

這時天將破曉，是夜裡最冷的時候，所以院子裡生著火。有一群人圍著烤火，彼得也大膽地同他們擠在那裡。他不願意人認出自己是耶穌的門徒，所以裝作漫不經心地混在眾人當中，希望別人當他是個捉拿耶穌的人。

但熊熊的火光照著彼得的臉，那看門的使女仔細地把他打量一番。她記得這個人曾與約翰一同進來，現在又見到他臉上沮喪的神色，心想：他或許是耶穌的門徒。這個使女是該亞法家裡的一個佣人，她很想知道彼得的底細。於是她對彼得說：「你不也是祂的門徒嗎？」彼得一時驚慌失措，眾人當時都望著他。彼得假裝不明白她的話，但那使女一直向周遭的人說，這人是同耶穌一夥的。彼得覺得不能不回答了，便發怒說：「女子！我不認得祂。」這是彼得第一次不承認耶穌，立時雞就叫了。可憐的彼得啊！這麼快就羞辱了你的夫子，這麼快就否認了你的主！

門徒約翰進入審判廳時，沒有想隱瞞他是跟從耶穌的人；也沒有雜在那些辱罵他夫子的人群當中。別人也沒有質問他，因為他沒有隱瞞自己的身分，使別人猜疑他。他找到一個僻靜的牆角，是暴徒注意不到的地方，這就是他可能離耶穌最近的地方了。在這裡他能看見並聽到他的主受審訊時的情形。

彼得不希望別人知道他的真實身分，裝作漠不關心的樣子，就置身於仇敵的勢力範圍之中，成為容易受試探的目標，假使要他為夫子爭戰的話，他必是個勇敢的戰士；但當一隻藐視人的手指著他時，他卻顯得是個懦夫了。許多不怕為他們的主積極爭戰的人，常因譏誚而否認了他們的信仰。他們與應該避免的人為伍，就自處於試探之中。這無異於請仇敵來試探他們，使他們在言語和行為上犯一些在其他情況之下絕不至犯的錯誤。今日的基督徒因為怕受痛苦或怕受侮辱而隱瞞自己的信仰，否認了主，這與在審判廳裡的彼得沒啥兩樣。

彼得想在表面上顯出不關心他夫子受審的事，但當他聽見那殘忍的譏誚，並看見主所受的侮辱時，心中不勝悲痛。而且他想到耶穌竟肯忍受這樣的待遇，甚至羞辱自己和祂的門徒，心中不勝駭異而惱怒。但為了掩飾真實的情緒，他就與那些逼迫祂的人一同說些不適當的戲言。可是他的態度很不自然。他的行動既是虛偽的，所以講話時雖裝出漠不關心的樣子，卻不能抑制那因堆在他夫子頭上的侮辱而感到憤怒。

他又被人注意到了，又有人說他是耶穌的門徒。這次他發願聲明：「我不認得那個人。」然而他還有一次機會承認主。過了一小時，有大祭司的一個僕人，是被彼得削掉耳朵的那人的親屬，問他說：「我不是看見你同祂在園子裡嗎？」「你真是他們一黨的！因為你是加利利人。」「你的口音把你露出來了。」耶穌的門徒是以言語純潔著名的；彼得聽了這些話，就勃然大怒。這時彼得為要徹底欺騙詢問他的人，並證明自己虛偽的身分，就發咒起誓地不承認他的夫子。立時雞叫了第二遍，這一次彼得聽見了，就想起耶穌對他所說的話：「雞叫兩遍以先，你要三次不認我。」（可一四：30）

當那低劣的咒語還在彼得口裡，那尖銳的雞鳴還在他耳中時，救主從橫眉怒目的審判官前轉過身來，正面望著這個可憐的門徒。同時彼得的眼睛也恰好看到了他的夫子。在耶穌那溫和的面貌上，彼得看出深切的慈悲和憂傷，卻沒帶一點怒容。

彼得一看到主青灰、痛苦的面容，痙攣發顫的嘴脣和那慈悲寬恕的神色，猶如萬箭鑽心。他的良心覺醒了，記憶力恢復了。彼得想起在短短的幾小時之前，他還揚言和他的主一同坐牢，一同捨命。他想起當救主在樓房裡告訴他，今天夜裡他要三次不認主時，他心中是何等的不服。彼得剛才聲明他不認識耶穌，可是現在他在極度悲痛中看出他的主是如何認識他的為人，如何正確地洞悉他的內心，而他竟不知道自己的虛偽。

彼得的思潮翻騰起來，救主的親切憐憫，祂的仁愛寬容，以及祂對犯錯誤的門徒所有的溫柔的忍耐，這一切他都想起來了。他回憶起來了。他回憶救主的警戒，「西門！西門！撒但想要得著你們，好篩你們像篩麥子一樣。但我已經為你祈求，叫你不至於失了信心。」（路二二：31，32）又想到自己的忘恩負義，背信棄義，就非常自怨自恨。於是他再向他的夫子望了望，只見一隻褻慢的手舉起來打夫子的臉。他再也看不下去了，他的心碎了，他從審判廳衝出去了。

他不知道，也不管往哪裡去，在黑暗中，踉蹌前行，後來才知道自己到了客西馬尼園。幾小時前的情景，歷歷在目，那滿面血汗，並因劇痛而痙攣的聖顏，又呈現在他眼前。他痛心地回憶耶穌曾在這裡獨自禱告、哀哭、掙扎，而那些在磨煉的時候應當與他患難與共的人，卻全都睡著了。他想起救主嚴肅的忠告：「總要警醒禱告，免得入了迷惑。」（太二六：41）他又看見審判廳中的景象。他知道自己在救主的屈辱和憂愁之外，又給祂加上最沉重的打擊。想到這裡，使他破碎的心備受罪刑，於是彼得俯在耶穌向天父慘痛傾吐心意的同一地點，恨不得自己死了才好。

當初彼得在耶穌囑咐他警醒禱告時，他卻睡著了，這就是使他犯罪的原因。眾門徒因在那緊急關頭睡覺，都遭受了很大的損失。基督知道他們必經火煉的試驗。他知道撒但將如何設法麻痺他們的知覺，使他們對面臨的試驗毫無準備；耶穌警告他們的原因就在於此。如果彼得在園中的幾個小時用來警醒禱告的話，絕不至於倚靠自己微薄的力量，也不至於不認他的主。如果眾門徒在基督受苦的時候和祂一同警醒，他們就可以為主被釘十字架有所準備；他們就多少能領會主所受非常慘痛的屬靈性質，也能回憶祂預先告訴他們的關於祂受苦、受死和復活的話了。在那最黑暗時辰的憂傷之中，就會有一線希望來照亮他們的黑暗，支持他們的信心了。

一到天亮，猶太公會就召集會議，耶穌又被帶到會議室中。祂曾說自己是上帝的兒子，他們就拿祂的話作為控告祂的把柄。但是他們不能在這一點上定祂的罪，因為有許多議員在夜裡開會時沒有出席，沒有聽見祂說這句話。而且他們知道在羅馬的法庭上，這句話是不足以定祂死罪的。可是如果他們都能從祂口中聽到這句話，他們或許可以達到目的。他們可以把祂自稱為彌賽亞的話曲解為製造叛亂的政治活動。

他們說：「你若是基督，就告訴我們。」但基督仍不作聲。他們繼續用問題逼祂。最後祂用悲傷痛苦的聲調回答說：「我若告訴你們，你們也不信；我若問你們，你們也不回答。」但是為要使他們無可推諉，祂加上了一個嚴肅的警告說：「從今以後，人子要坐在權能者的右邊。」

他們便異口同聲地問祂說：「這樣，你是上帝的兒子嗎？」祂對他們說：「你們所說的是。」他們喊著說：「何必再用見證呢？祂親口所說的，我們都親自聽見了。」

這樣，猶太當局第三次定了耶穌的死罪。現在他們認為，只要羅馬人批准這條罪狀，並把祂交在他們手中就成功了。

基督受的第三次侮辱和戲弄，甚至比以前在無知的暴徒手下所受的更難堪。這樣的侮辱是當著祭司和官長們的面，並經過他們的同意而做出來的。這些人已經喪盡了一切同情或人道。但他們的理由既不充足，不能駁倒基督的話，就拿出其他的武器來，就是歷代以來一切頑固守舊的宗教威權者用以處置其所認為叛教分子的武器——痛苦、虐待和死刑。

法官宣布耶穌罪狀之後，眾人就像撒但一樣瘋狂起來了。他們呼喊的聲音猶如猛獸之怒吼。他們向耶穌衝過來，喊道：「祂是有罪的，把祂殺死！」如果沒有羅馬兵丁保護的話，耶穌就活不到被釘在髑髏地十字架上的時候了。若沒有羅馬當局出來干涉，並用武力鎮壓暴徒，祂就要在法官面前被他們活活地撕碎。

異邦人看到猶太人毫無人道地對待一個無任何罪證的人，很是憤慨。羅馬人的官員聲稱，猶太人宣布耶穌的死刑，觸犯了羅馬的統治權，而且連猶太人的律法也不許單憑人自己的口供來定祂的罪。他們的干涉暫時緩和了這場風暴。但猶太人的領袖們既無惻隱之心，更無羞恥之感。

祭司和官長們不顧自己的地位和體統，竟用齷齪的話語來辱罵上帝的兒子。他們挖苦祂的出身。他們聲稱，祂既然擅敢自稱彌賽亞，就該受最屈辱的死。同時有最下流的人，用最卑鄙的方法來侮辱救主；他們用一件破舊的衣服蒙在祂頭上，又用拳頭打祂的臉，說：「基督啊！你是先知，告訴我們打你的是誰？」當他們把衣服拿開時，一個卑賤的匪徒吐了口唾沫在祂臉上。

當時有上帝的使者在場，他們把侮辱他們所愛之元帥的每一表情、每一言行，都記錄下來了。將來總有一天，這些凌辱基督並吐唾沫在祂恬靜而發青臉上的匪徒，必要看見祂臉上發出比太陽更為燦爛的榮耀。

第拾柒章
猶大。

猶大一生的歷史展示一個本來可蒙上帝褒揚的人生，結果反成了悲慘結局。假如猶大在末次上耶路撒冷之前就死去的話，後世的人就會認為他配列在十二使徒之中，為後人所懷念。若不是他在生命的終了時露出他的本性，那就不會留下臭名了。而今，他的品格暴露在世人面前，自有用意，是要給人一個鑑戒，以警告一切像他那樣背棄神聖委託的人。

在逾越節之前不久，猶大與祭司們重訂了一個合約，要將耶穌交在他們手中，打算在救主常去默想和祈禱的地方捉拿祂。自從在西門家裡赴席之後，猶大本有機會反省他的計畫和所要作的事，但他沒有改變自己的打算。他竟為了三十塊銀錢（一個奴隸的身價）出賣了榮耀的主，讓祂受侮辱，將祂害死。

猶大生性是貪財的，但他並非一開始就壞到這個地步。只因他放縱貪婪的惡欲，直到這惡欲支配了他整個人生的動機。他愛錢財過於愛基督。他因作了罪惡的奴隸，就把自己獻給撒但，任他驅使去做一切罪惡的事。

猶大是在許多人跟從基督的時候，成為耶穌門徒之一的。救主在會堂裡、海邊和山坪上所講的話，使聽眾陶醉出神，祂的教訓感動了門徒的心。猶大看到患病的、瘸腿的、瞎眼的，從各城各鎮成群地來就耶穌；他也看見垂死的人放在祂的腳前。他親眼看到救主醫治病患，驅趕邪靈和起死回生的大能作為。他親身感覺到基督的能力的憑據。他已看出基督的教訓比他以往聽過的都優越。他愛這位大教師，並極願與祂同在。他感覺到自己有改變品格、改變生活的需要，並希望自己藉著與耶穌聯合而能體驗到這種改變。救主沒有拒絕猶大，讓他在十二使徒中佔一席地位，用他作傳道工作，並賜給他醫治疾病和驅趕邪靈的權柄。但猶大沒有完全獻身給基督，沒有放棄屬世的野心和貪財的欲望。他雖然接受為基督作執事的職分，卻沒使自己受聖靈的陶冶。他認為，他能保持自己的判斷和見解，也就養成一種好批評和刁難的脾氣。

眾門徒很看重猶大，所以他對他們的影響很大。猶大以自己的資格自負，並認為弟兄們在判斷力和能力方面遠不如他。他認為他們既沒看清自己的機會，也不會利用自己的處境。教會若是用這些淺見的人作領袖，絕不會興旺的。彼得急躁成性，做事沒頭腦。常把基督口中所講的真理珍藏在心的約翰，依猶大看來，是拙於理財的人。馬太曾受過訓練，辦事一絲不苟，但為人太老實。他又常在沉思默想基督的話，全神貫注於此，猶大就認為他作不出智巧機靈，眼光遠大的事。猶大就是這樣把幾個門徒一概評價一番，以誇耀自己，以為教會若沒有他的理事才幹，難免時常陷入困境。猶大看自己的精明能幹是沒人能比得上的。他認為自己是教會的財富，並時常如此向人自誇。

猶大看不出自己品格上的弱點，所以基督就把他放在有機會看出並糾正這些弱點的地位上。他既替門徒管錢，就要籌款，應付這小群人的需要並周濟窮人。當耶穌在過逾越節的樓上，對他說「你所作的快作吧」的時候（約一三：27），門徒以為主是吩咐他去買過節所需用的東西，或是拿什麼東西去周濟窮人。在為人服務的事上，猶大原可以養成無私的精神。結果他雖然天天在聽基督的教訓，看基督無私的生活，卻依然放縱自己貪婪的癖性。他經手的那點錢，對他是個經常性的試探。當他為基督作點工作，或是用些時間作宗教服務時，他往往從這點款中拿些出來給自己作酬勞。在他自己看來，這種藉口當然可以原諒他的行為。但在上帝眼中他是個賊。

基督多次提出祂的國不屬這世界，這話使猶大很不高興。他曾勾畫出一條路線希望基督去走。他主張必須把施洗約翰從監獄裡營救出來。但是約翰被囚在獄中直至斬首。耶穌並沒有顯示自己的王權來為約翰報仇，反倒同門徒退到鄉下去了。猶大主張更積極進攻的戰鬥。他認為耶穌若不攔阻門徒實行他們的計謀，工作就必有更大的成功。他注意到猶太領袖們的仇恨越來越深，並看到猶太人要基督從天上顯個神蹟，而基督沒有理睬他們的挑戰。於是他起了不信的心，撒但便由此使他生出懷疑和叛逆的思想。耶穌為什麼講那麼多令人灰心失意的事呢？祂為什麼預言自己和門徒將要遭受試煉和逼迫呢？猶大之所以擁戴基督的事業，原是希望在新的國度中謀個高位。他的種種希望難道都要落空嗎？這時猶大還沒認定耶穌不是上帝的兒子，但他已經在懷疑，並在設法找出個理由來解釋主大能的作為。

雖然救主自己已明說祂的國不屬這個世界，猶大還是不斷地宣稱，基督必要在耶路撒冷作王。在基督給五千人吃飽的時候，他就想促成這事。那時他曾幫助分送食物給飢餓的人群。他有機會看出自己應如何為別人造福，也感受到為上帝服務時的愉快。他在人群中幫助引領患病和受苦的人到基督面前。他看出世人因大醫師的醫治之能心中得了何等的安慰，何等的喜樂。本來他該學習基督的方法，但他被自己的私欲蒙蔽了。他是最先想利用分餅的神蹟所引起的熱情來實現他的理想的。要強迫基督作王，是他發起的。他的希望最大，故最失望也落空。

基督在迦百農的會堂裡關於生命之糧的講論，是猶大生活史的轉折點。他聽見基督說：「你們若不吃人子的肉，不喝人子的血，就沒有生命在你們裡面。」（約六：53）他就看出基督所供給的是屬靈的利益，不是屬世的利益。他認為自己是有遠見的，並已看出耶穌是不會登基稱王的，故他也不能給門徒什麼高的地位。於是，猶大決定同基督只保持不即不離的關係，以便隨時退出。他要暫時觀望一下，而且是很警覺地觀望著。

從那時起，猶大散布了種種疑問，混亂門徒的思想。他提出一些爭論和迷惑人的意見，時常重述文士和法利賽人用來反對基督的主張和論據。一切或大或小的困難、折磨、艱苦和表面上攔阻福音的事物，猶大都拿來作曲解或攻擊福音真實性的憑據。他常引用一些和基督正在教導的真理毫無關聯的經文。這些斷章取義的經句，使其他門徒的思想變得更為混亂，並加深了那經常壓迫他們的灰心和失意。但猶大做這些事的方法卻還讓人以為他是在誠心地尋求真理呢！當眾門徒查考憑據來證實大教師基督的話時，猶大幾乎要領他們不知不覺地離開正軌。如此，他用非常敬虔的，又顯然聰明的方法，對某些問題提出與耶穌言論完全不同的意見，並把耶穌所沒有發表的意思附加在他的話上。猶大的種種建議，常引起追求屬世榮譽的野心，這樣，就使門徒不去思想他們所應當考慮的重要事物。他們中間「誰是最大」的紛爭，大半都是猶大所煽動的。

當耶穌向那富足的青年官長提出作門徒的條件時，猶大心中大為不悅，認為耶穌錯了。如果有像這官長一樣的人來作信徒，他們必能幫助維持基督的工作。猶大想，只要採納他的意見，他就能提供許多有益於這小小教會的計畫。固然，他的主張和手段與基督的會有所不同，但他認為自己比基督還要高明些。

基督向門徒所講的一切話中，總有幾句是猶大所不完全同意的。所以在他的影響下，叛逆的酵很快發起來了。其他門徒還看不明這些事情幕後的主謀，但耶穌已看出，撒但正在把自己的品性傳給猶大，借此打開一條影響其他門徒的通路。關於這一點，基督在祂被賣的前一年就說明了。祂說：「我不是揀選了你們十二個門徒嗎？但你們中間有一個是魔鬼。」（約六：70）

然而，猶大還沒有公開反對救主，還似乎沒有懷疑過祂的教訓。在西門家裡坐席之前，猶大一直沒公開發過怨言。及至馬利亞用香膏抹救主的腳時，猶大才顯出他貪婪的性情來。他聽了耶穌的責備，不禁恨之入骨。受了損害的自尊心和報復的惡念，衝破了一切阻礙。敗壞德行的元素，若不加以抵抗予以克服，就必隨從撒但的引誘，使心靈被撒但的意志所奴役。

但這時猶大的心還沒有到完全剛硬的地步。就是在他兩次約定出賣救主之後，他還有悔改的機會。在吃逾越節晚餐時，耶穌揭露了這個叛徒的企圖，顯明了自己的神性。祂為門徒洗腳時，也曾溫慈地洗猶大的腳。可惜猶大不顧基督最後的感化，他的命運就此確定。耶穌洗過他的腳，他就出去做了賣主的事。

猶大的推理是：他認為如果耶穌真要被釘十字架的話，那麼這件事總是要成就的。他自己出賣救主的行動不會改變其結果。如果耶穌不該死的話，出賣祂也不過是逼祂拯救自己而已。無論如何，猶大總可以因自己的變節而得到好處。他盤算：出賣他的主是一筆很划得來的交易。

雖然如此，猶大總不相信基督會讓人捉拿自己的。他出賣基督，是要給祂個教訓。他打算扮演一個角色，使救主以後給他應有的尊重。但猶大不知道，他這樣行是置基督於死地。過去救主用比喻教訓眾人時，文士和法利賽人曾多少次因祂動人的言論而不禁心馳神往！他們曾多少次無意之中宣判自己的罪狀！但他們每次明白了真相之後就怒氣填胸，要拿石頭打耶穌，可是每次祂都躲開了。猶大認為基督既逃脫過那麼多的網羅，現在也必不至於讓人捉拿祂的。

猶大決定試一下。耶穌若真是彌賽亞，那些受過祂這麼多恩助的民眾必集合在祂周遭，擁戴祂為王。這就會使許多人心中的悶葫蘆打破了。那時猶大便能享有在大衛寶座上立王的功勛，這樣，他在新的國度裡就可取得僅次於基督的最高地位。

於是，這個虛偽的門徒就在出賣耶穌的事上扮演了預定的角色。當他在客西馬尼園對暴徒的首領說：「我與誰親嘴，誰就是祂。你們可以拿住祂」時（太二六：48），他完全相信基督會從他們手中逃脫的。那時猶太人若責怪他，他就要說：我不是告訴你們拿住祂嗎？」

後來猶大看見捉拿基督的人照著他的話把基督緊緊地捆綁起來了，就驚異地望著救主讓人把自己帶走。他焦急地從園中一直跟到祂在猶太官長面前受審的地方。耶穌每動一下，他都盼望祂能表明自己是上帝的兒子，讓仇敵震驚，使他們一切的陰謀和權勢歸於幻滅。可是時間一刻刻地過去了，而耶穌還是甘心忍受那加在祂身上的一切凌辱。這時，賣主的猶大心中便起了極大的恐懼，知道自己已把夫子賣到死地去了。

及至快要宣判時，猶大再也忍不住良心自責的痛苦。審判廳裡忽然發出一陣沙啞的叫喊聲，使全場的人大吃一驚，只聽到：「該亞法啊！祂是無罪的，求你釋放祂吧！」

這時，身材高碩的猶大從震驚的群眾中擠過去。他的臉色發青、憔悴，額角上大汗淋漓。他衝到審判台前，把賣主所得的銀錢丟在大祭司面前，急切地拉住該亞法的外袍，哀求他釋放耶穌，說祂並沒有作過什麼該死的事。該亞法惱怒地推開了猶大，可是自覺張惶失措，左右為難，不知說些什麼才好。祭司們的卑鄙無恥這時全暴露出來了。眾人都看出是他們賄賂了這個門徒來出賣夫子的。

猶大又大聲說：「我賣了無辜之人的血是有罪了。」但是驚魂方定的大祭司，卻帶著輕蔑的神色回答說：「那與我們有什麼相干？你自己承當吧！」（太二七：4）祭司們儘管願意利用猶大作他們的工具，可是他們卻輕視他卑鄙的人格。當猶大向他們承認自己的罪時，他們就把他一腳踢開了。

於是猶大俯伏在耶穌腳前，承認祂是上帝的兒子，並懇求祂拯救自己。救主沒有譴責這個出賣祂的人。祂知道猶大沒有真正地悔改，他的認罪只是由於犯罪者懼怕心理的譴責和看到將來的審判，才逼出來的膚淺感覺。他沒有因自己出賣無瑕疵的上帝之子，並拒絕以色列的聖者而深深感覺到心碎的憂傷。然而耶穌並沒有說一句定他罪的話。只是哀憐地望著猶大說：「我為此時來到世間。」

眾人無不驚訝，詫異地望著基督如此寬恕那賣祂的人。他們又感悟到這絕不是平凡的人。可是又疑問，如果祂是上帝的兒子，為什麼不救自己脫離捆鎖，並制勝那些控告祂的人呢？

猶大知道自己的懇求無用，就衝出審判廳，喊著說：「太晚了！太晚了！」他不忍活著看耶穌被釘十字架，便在絕望中自縊身亡了。

當天，那一群作惡的人帶著耶穌，從彼拉多的衙門到釘十字架的髑髏地去時，他們沿路的呼喊和嘈雜的嘲笑忽然止息了。路過一個僻靜地方，在一棵枯樹底下，只見直挺挺地躺著猶大的屍體，令人瞧著心裡作嘔。那軀體因太過沉重，把他拴在樹上上吊的繩子縋斷了。屍體橫在地上，血肉狼藉，令人毛骨悚然。一群野狗正在吞食其肉。眾人立時把吃剩的屍體埋掉，嘲笑的聲音不像剛才那麼熱烈了。許多蒼白的面孔，說明眾人內心的情緒。報應看來已經臨到那流耶穌之血的人身上了。

第拾捌章
在彼拉多的衙門裡。

本章根據：太二七：2、11~31；可一五：1~20；路二三：1~25；約一八：28~40；一九：1~16。

基督以一名已決犯的身分被綁著站在羅馬巡撫彼拉多的衙門裡。周遭有衛兵看守著，審判廳很快就擠滿了旁觀的人。廳外，有猶太公會的審判官、祭司、官長、長老和一群烏合的亂民。

猶太公會定了耶穌的罪之後，就來見彼拉多，請求核准並執行他們對耶穌的判決。但這些猶太人的官長，卻不肯進羅馬人的衙門。根據他們的儀文律法，他們若進去就會沾染汙穢，而不能參加逾越節的典禮了。他們在盲目之中，竟沒有看出謀殺的毒恨已經汙穢了他們的心。他們根本沒看出，基督就是逾越節的真羔羊；他們既拒絕了祂，這偉大的節期對他們就失去了意義。

當救主被解到衙門時，彼拉多對祂並沒有什麼好感。這個羅馬巡撫，從他的臥室裡匆忙地被請出來，故決定從速處理。他準備用凜然的威風來對待這個已決犯，於是，就擺出最嚴厲的架勢，轉過來看他要審問的已決犯到底是怎樣的人，竟這麼早把他從睡夢中請出來。他知道，猶太當局要他趕緊審問並處刑的人，必定是個要人。

彼拉多先瞭望那些看管耶穌的人，然後把銳利的視線轉到耶穌身上。他過去曾處理過各式各樣的犯人，卻從來沒見過一個有如此良善和高尚風度的人。在耶穌臉上，他看不出任何犯罪的形跡和懼怕的表情，也看不出什麼粗暴反抗的態度。他看到的是一個舉止安詳、態度莊重的人，祂的面貌一點也不像個罪犯，倒是有上天堂堂的儀容。

基督的風采，在彼拉多心中留下了良好的印象。於是他的天良發現了。他曾聽說過耶穌的作為。其妻子也曾告訴過他，那醫治病患，並叫死人復活的加利利先知所行的奇事。如今這一切都像夢幻一般重新又浮上他的心頭。他回想起從幾方面聽來的消息，於是決心向猶太人要他們控告祂的證據。

他問他們說：「這個人是誰？你們把祂帶來作什麼？你們控告祂什麼？」猶太人張惶失措了。他們明知自己不能證實控告基督的罪案，所以不願進行公開的審問。只是回答說：「祂叫作拿撒勒的耶穌，是個迷惑人的。」

彼拉多再問他們：「你們告這人是為什麼事呢？」祭司們沒有回答他的問題，只是急切地說：「這人若不是作惡的，我們就不把他交給你。」組成猶太公會的國內要人，認為既然把他們認為該死的人帶到面前了，難道還需要追問這人的罪證嗎？他們希望彼拉多尊重他們的地位，並允准他們的要求，不再經過繁複的預審手續。他們切望他們的判決迅速得到批准，因為他們知道，那些親眼見過基督奇妙作為的民眾，必能訴說一些與他們捏造的虛言完全不同的事實。

祭司們想，對這個懦弱無能、優柔寡斷的彼拉多，他們是不難貫徹他們的計畫的。過去，彼拉多常常輕率地簽署執行死刑的命令，把一些他們知道不該死的人處死。在他眼中，一個已決犯的性命是無足輕重的，有罪或無罪，都無關緊要。因此，祭司們希望彼拉多現在也能不加審問就處死耶穌。他們懇求彼拉多在猶太國的這個大節期上，准他們這個要求。

但耶穌身上有一種力量牽制著彼拉多，使他不敢冒然行事。他看穿了祭司們的陰謀。他記得不久以前，耶穌曾使一個死了四天的人拉撒路復活。所以他決定在簽署死刑的判決之前，要知道這些人究竟為什麼告耶穌？是否屬實？

彼拉多對祭司們說：「如果你們的理由是充足的，為什麼帶這個已決犯到我這裡來呢？」「你們自己帶祂去，按著你們的律法審問他吧！」經彼拉多這麼一逼，祭司們就說，他們已經判了祂的罪，只是需要彼拉多核准一下，使他們的判決生效即可。彼拉多再問：「你們是怎樣判決的？」他們回答說：「是死刑」。可是「我們沒有殺人的權柄。」至於基督的罪狀，他們要求彼拉多不必多問了，只要相信他們的話，執行他們的判決就是了。一切後果由他們來負責。

彼拉多本來就不是一個公正憑良心辦事的法官。他雖然沒有多少毅力，但還是不答應這個要求。他不肯定耶穌的罪，除非是告祂的罪證確鑿。

祭司們被陷於進退兩難的境地了。他們看出必須嚴密地遮掩自己的虛假，不能讓彼拉多知道，基督的被捕只是宗教問題；若以此為由，那麼這樣訴訟在彼拉多看來就無足輕重了。他們必須證明耶穌有違反國法的活動，然後才能把祂當作政治犯來判刑。反抗羅馬政權的暴動和叛亂，在猶太人中時有發生。羅馬人對此一向嚴打不怠；一有風吹草動，立即鎮壓，毫不留情。

就在幾天前，法利賽人還曾設計要陷害基督，問祂說：「我們納稅給該撒，可以不可以？」但基督當時就揭穿了他們的陰謀。在場的羅馬人，也都看到了這些陰謀家的徹底失敗，又看到了他們在聽到基督說「這樣，該撒的物當歸給該撒」時所露出的狼狽相（路二〇：22 − 25）。

如今祭司們想要歪曲那次的事實，詭稱基督曾照著他們所希望祂說的話教訓人。他們在絕境中，竟找來了幾個假證人幫忙，他們「就告祂說：『我們見這人誘惑國民，禁止納稅給該撒，並說自己是基督、是王。』」但這三條罪狀，沒有一條是有根據的。祭司們明白這一點，可是他們為了達到目的，就是妄作見證也在所不惜。

彼拉多看穿了他們的陰謀，不相信這個已決犯會圖謀造反。祂柔和謙卑的態度與告祂的罪狀根本不符。彼拉多深深地感覺到，只因祂是猶太權貴們的眼中釘，所以他們才布置了嚴密的陰謀要除滅一個無罪的人。於是他轉過身來問耶穌說：「你是猶太人的王嗎？」救主回答說：「你說的是。」祂說這話的時候容光煥發，如同陽光照在臉上。

該亞法和那些與祂在一起的人聽見耶穌的回答，就請彼拉多注意，耶穌已承認他們所控告祂的罪了。祭司、文士和官長們大聲喊叫，要求定祂的死罪。眾人也喊叫起來，那喧嚷的聲音簡直都要把耳朵震聾了。彼拉多因而心慌意亂。他見耶穌對控告祂的人不作任何申辯，就對祂說：「『你看，他們告你這麼多的事，你什麼都不回答嗎？』耶穌仍不回答。」

當時基督站在彼拉多後面，是院子裡的人都能看見的地方。祂聽見了辱罵祂的話，但對控告祂的一切假見證，祂沒有回答一句。祂的風度始終表現出問心無愧的坦然。排山倒海般的怒濤向祂湧來，祂卻巋然不動。洶湧的狂瀾越沖越高，好似海中翻騰的波浪向祂襲來，但祂絲毫不受影響。祂站在那裡靜默無言，但祂的靜默正是祂的雄辯。從祂身上似乎發出一道道誠於中而形於外的光芒。

彼拉多很希奇耶穌的風度。他因而暗自思忖道，這個人一點也不理睬所發生的事，難道祂真的不想救自己的性命嗎？他看耶穌忍受侮辱、譏誚，卻毫無報復之意，就覺得祂根本就不像那些喧囂的祭司們那樣，既不仁不義、又不公不正。彼拉多希望從耶穌口中得些真情，為避開眾人的喧嚷，他就帶耶穌到一旁，再問祂說：「你是猶太人的王嗎？」

耶穌這回沒直接答覆這問題。祂知道聖靈在感化彼拉多，給他機會承認心中感悟的正確信念。耶穌便問彼拉多說：「這話是你自己說的，還是別人論我對你說的呢？」意思就是，你這個問題是出於祭司的控告呢？還是出於你自己願意從我這裡領受真光呢？彼拉多明白基督的意思，可惜他心中起了驕傲。他不願承認壓在心頭的正確信念，就對祂說：「我豈是猶太人呢？你本國的人和祭司長把你交給我，你作了什麼事呢？」

彼拉多錯過了這黃金一般的機會。然而耶穌沒有不再給他一點亮光就丟棄他。祂雖沒有直接回答彼拉多的問題，卻清楚地說明了自己的使命。祂要彼拉多明白，祂不追求地上的王位。

祂說：「我的國不屬這世界；我的國若屬這世界，我的臣僕必要爭戰，使我不至於被交給猶太人，只是我的國不屬這世界。」彼拉多就對祂說：「這樣，你是王嗎？」耶穌回答說：「你說我是王，我為此而生，也為此來到世間，特為給真理作見證；凡屬真理的人就聽我的話。」

基督聲明，在那些願意領受祂話的人身上，祂的話本身就是開啟奧祕的鑰匙，有令人信服的力量，這就是祂真理之國得以拓展的祕訣。祂要彼拉多明白，唯有領受並實踐真理，才能改造敗壞了的人性。

彼拉多有明白真理的願望，但他心裡煩亂。他熱切地接受了救主的話，心中極願知道真理究竟是什麼，以及怎樣才能得到真理。他問耶穌說：「真理是什麼呢？」但他沒等候回答。外面的喧譁使他想起了當務之急的事，因為祭司們叫嚷著要求採取立即的行動。於是，他出去到猶太人那裡，強調聲明：「我查不出祂有什麼罪來。」

這些話出自一個不相信上帝的法官之口，對那些控告救主的以色列官長們的奸詐與虛偽，是一種嚴厲的斥責。祭司和長老們聽見了彼拉多的話，就非常失望，極為惱怒。多日來的密謀，等的就是這次機會。現在，他們看出耶穌有被釋放的可能，就恨不得把祂活活撕碎。他們大聲恫嚇彼拉多，並用羅馬政府的責難來要脅他。他們強調耶穌已經犯了背叛該撤的罪，所以譴責彼拉多是在姑息遷就耶穌的罪。

這時，眾人大聲咆哮，說耶穌叛國的影響是全國皆知的。祭司們說：「祂煽惑百姓，在猶太遍地傳道，從加利利起，直到這裡了。」

這時，彼拉多還無意要定耶穌的罪。他知道猶太人控告耶穌是出於仇恨和偏見，也知道自己的職分是什麼。按理，基督應該立即獲釋，可是彼拉多怕百姓對他心存惡感。如果他不肯把耶穌交在他們手中，勢必引起騷亂，這是他難以應付的。他一聽說基督是從加利利來的，就決定把祂送到希律那裡，因為希律是加利利的省長，當時正好在耶路撒冷。彼拉多想用這個辦法把審問的責任推到希律身上。同時也認為這是與希律消除前嫌，重修舊好的機會。果然，後來這兩個長官因審問救主一事而恢復了交情。

彼拉多再把耶穌交給士兵，於是耶穌在暴徒的譏誚和侮辱聲中，被急急忙忙地解到希律的審判廳。「希律看見耶穌，就很歡喜。」他從來沒有見過救主，但「因為聽見過祂的事，早已想要見祂，並且指望看祂行一件神蹟。」這個希律，就是雙手染有施洗約翰血跡的希律。當他初次聽說耶穌時，曾非常驚恐地說道：「是我所斬的約翰，他復活了。」「所以這些異能從他裡面發出來。」（可六：16； 太一四：2）然而希律還是想見耶穌一面。如今他有機會可以救這個先知的命，所以他希望從心中永遠除去那血跡斑斑的印象，就是放在盤子裡的頭顱。同時，也想滿足自己的好奇心，他以為只要給基督一點恢復自由的希望，要祂做什麼，祂就一定會照辦的。

許多祭司和官長們也跟著基督到希律那裡去。當救主被帶進去時，這些權貴們都激昂陳詞，力數祂的罪狀。但希律不大理睬祭司們的控告。他吩咐他們安靜，想得點機會審問基督。他下令把基督身上的鎖鏈鬆開，同時斥責祂的仇敵不該如此粗暴地對待祂。他帶著慈祥的態度，望著世界救贖主泰然自若的面容，看出了耶穌臉上獨有的智慧和純潔。他和彼拉多一樣，深信猶太人之所以控告基督，無非是出於仇恨和嫉妒。

希律問了基督許多話，但救主始終保持沉默。王吩咐把一些衰弱和殘廢的人帶進來，命基督行個神蹟來證明身分。希律說，人說你能醫治病患，我很想看看你這婦孺皆知的聲望是否屬實。耶穌沒答應，希律便一直逼祂說：如果你能為別人行神蹟，現在不妨為自己行一些，這對你是有利的。他再三命令說，顯一個神蹟給我們看看，證明你有能力像人們所傳說的那樣。但基督好像根本沒聽見，也沒看見似的。上帝的兒子既已取了人性，就必須作人類在同樣環境之下所必須作的事。所以，祂不肯藉行神蹟來救自己脫離一般人在同樣的條件之下，所必須忍受的痛苦和屈辱。

希律許諾說，只要基督在他面前行一個神蹟，祂就能獲釋。控告基督的人，曾親眼看見祂的權柄所行的大能作為，他們曾聽見祂吩咐墳墓交出死人來。他們也看見死人服從祂的吩咐，從墳墓裡出來。所以他們立時慌了手腳，唯恐祂現在就大行神蹟。因為他們最怕的，就是祂能力的顯現。這種能力的顯現，對他們的計畫必是致命的打擊，甚至使他們喪命也有可能。於是祭司和官長們更是迫不及待地竭力告祂。他們高聲指控祂是個背叛國家、褻瀆上帝的人，又說祂行奇事是靠著鬼王別西卜的能力。於是有喊叫這個的，也有喊叫那個的，審判廳亂成一片。

希律的良心，在當年希羅底要求施洗約翰的頭時，曾驚慌顫慄，現在就麻木得多了。他雖然曾因那可怕的行為而一度感到深切的悔恨，但他的道德觀因放縱的生活已一步步沉淪了。現在他的心既如此剛硬，甚至還為懲罰了那膽敢責備他的約翰而引以為榮。故這時他威嚇耶穌，再三聲明，他有權釋放祂，也有權定祂的罪。但耶穌似乎一句話也沒聽見。

希律因耶穌的沉默而發怒了。這種沉默表明耶穌完全漠視祂的權柄。對這驕矜倨傲的王，公開的責備倒比不受人理睬還容易忍受。他再發怒威嚇耶穌，耶穌仍不為所動，一言不答。

基督在世上的使命，不是來滿足無謂的好奇心。祂來，是要醫好傷心的人。如需要說什麼話來醫治患罪病之人的創傷，祂是不會保持緘默的。但對那些把真理踩在腳下的人，祂沒有半句話可說。

基督很可以向希律說幾句話，使這鐵石心腸的王聽了刺耳。主也能把他罪惡的一生和那將要臨到他的可怕厄運，擺在他面前，使他恐懼戰兢。但基督的默不作聲，是祂給希律最嚴厲的譴責。希律既拒絕了先知中最大的一位所傳給他的真理，現在就再沒有其他訊息傳給他。天上的主宰再沒有一句可對他講的話。那素來垂聽人類哀求的耳朵，絕不聽從希律的命令。那素來用憐恤赦罪之愛垂顧告解之罪人的眼睛，對希律卻不屑一顧。那素來發揮最動人的真理、甚至向罪大惡極的人發出親切勸告的口，對於這傲慢而不覺得需要救主的王是緊緊閉著的。

希律大怒，臉色發青，轉身向眾人罵耶穌是騙子。然後對祂說：「你若不拿出憑據來證明你的身分，我就要把你交給士兵和民眾。他們或許有辦法叫你開口。你若是騙子，那麼你死在他們手中也活該；你若是上帝的兒子，就行個神蹟來救自己吧！」

希律講完話，眾人就一哄而上，向耶穌衝過來，像餓虎撲食一般，把耶穌拖來拖去。希律與暴徒一同侮辱上帝的兒子。若不是羅馬士兵出來干涉鎮壓這瘋狂的群眾，救主就要被他們活活地撕碎了。

「希律和他的兵丁就藐視耶穌，戲弄祂。給祂穿上華麗衣服。」羅馬兵丁也參加這次侮辱耶穌的行動。在希律和猶太權貴們的認同下，這些邪惡透頂的兵丁把能想出來的侮辱方法，都用在救主身上。然而祂神聖的忍耐還是未變。

逼迫基督的人，曾以自己的品格來度量基督的品格，以為祂像他們一樣卑鄙。但在一切現象之外，另有一幅景象出現，就是將來必有一天，基督要以充分的榮耀向他們顯現。屆時必有人要在基督面前驚慌發顫。當粗暴的群眾跪在基督面前戲弄祂時，有些前來想要參加戲弄的人，忽然轉身退去，怕得連聲也不敢出。希律因而覺悟了。此時有最後一線慈愛之光，照在他那被罪硬化的心上。他深感到這絕不是個平常的人，因為基督的神性透過人性閃耀出來了。正當基督被一群淫亂和嗜殺的人戲弄包圍時，希律感覺自己正面對著一位坐在寶座上的上帝。

希律雖然心如頑石，卻不敢批准基督的罪案。他想逃避這可怕的責任，於是就把耶穌送回羅馬的審判廳去了。

彼拉多大失所望，甚為不悅。當猶太人同他們的已決犯回來時，他就極不耐煩地問他們，要他怎麼辦。他提醒他們，他已經審問過耶穌，沒有查出祂犯有什麼罪。他又告訴他們，他們雖然提出許多控告耶穌的事，但一條罪狀也不能證實。況且，他已經把耶穌送到加利利分封的王希律那裡，希律是他們本國的人，就是他也查不出耶穌有什麼該死的罪。彼拉多說：「故此我要責打祂，把祂釋放了。」

在這一點上，彼拉多顯出了他的懦弱。他既然聲明耶穌是無罪的，卻又要鞭打祂，以此來討好控告祂的人。為了向暴徒妥協，他寧願犧牲正義和公理。這樣，他就置自己於不利的地位了。於是亂黨就抓住了他猶豫不決的弱點。如果彼拉多開始就堅持正義，不肯定無辜者的罪，他就能掙斷那後來終身捆綁他的悔恨和自咎的鎖鍊了。基督固然終究要被人害死，但罪責就不至於歸到彼拉多身上了。彼拉多竟一步步地違背了良心，以致被玩弄於祭司和官長們的手掌之中，無力自拔。

就是到了這步田地，上帝也沒讓彼拉多盲目從事。從上帝那裡來了一個訊息，警告他不可行他所要行的事。因著基督的禱告，曾有一位天使從天上來向彼拉多的妻子顯現，她在夢中看見了救主，並與祂談過話。彼拉多的妻子不是猶太人，但當她在夢中看到耶穌時，就毫不懷疑祂的品德和使命了。她認定祂是天上的君王。她看到祂在審判廳中受審，她看到祂的手像罪犯的手一樣，被緊緊地捆綁著。她看到了希律和他的兵丁所有的殘忍行為。她聽見那些充滿嫉妒和惡毒的祭司和官長們在瘋狂地控告祂。她聽見他們的話，「我們有律法，按那些律法，祂是該死的。」她又看見彼拉多在宣布「我查不出祂有什麼罪來」之後，把耶穌交給人去鞭打，也看見他把基督交給謀殺祂的人。她看見那立在髑髏地的十字架。她看見遍地黑暗，又聽見那神祕的喊叫聲「成了」。以後又有一幅景象出現。她看見基督坐在一片大白雲上。那時全地都搖搖晃晃，東倒西歪，那些殺害祂的人盡都逃竄，躲避祂榮耀的面。她驚叫一聲，就醒過來，立即寫信警告彼拉多。

彼拉多正在猶豫不決，不知如何辦理時，有一個送信人從人群中擠進來，把他妻子的信遞給他。信中寫著說：

「這義人的事你一點不可管，因為我今天在夢中為祂受了許多的苦。」

彼拉多的臉刷地變白了，矛盾的情緒攪得他心慌意亂。在他遲疑不決時，祭司和官長卻進一步煽動民心。彼拉多急中生智，突然想起個慣例，或可藉以釋放耶穌。每年的逾越節，巡捕要隨眾人的要求釋放一個已決犯。這種風俗是異教徒發明的，連半點公理也沒有。可是猶太人卻視為至寶。此時羅馬當局拘押著判了死刑的已決犯巴拉巴。此人以彌賽亞自居，並自稱有權建立個新秩序，使世道正常。在魔鬼般的迷惑之下，他宣稱凡他盜竊的東西都屬他。他曾藉撒但的能力，行許多奇事，曾聚眾掀起反抗羅馬政權的暴動。他打的是宗教奮興的幌子，實則是個橫行無忌的慣犯，以叛亂和暴虐為事的惡棍。彼拉多讓民眾在這個人和無罪的救主之間選擇其一，是想引起他們的正義感。他希望得到民眾對耶穌的同情，以反對祭司和官長的意見。於是，彼拉多轉過身來，非常懇切地向群眾說：「你們要我釋放哪一個給你們？是巴拉巴呢？是稱為基督的耶穌呢？」

暴徒像野獸怒吼般地回答說：「釋放巴拉巴給我們。」「巴拉巴！巴拉巴！」喊聲越叫越高。彼拉多以為眾人還不太明白他的問題，便再問道：「你們要我釋放猶太人的王給你們嗎？」但他們還是喊著說：「除掉這個人！釋放巴拉巴給我們！」彼拉多又問他們說：「這樣，那稱為基督的耶穌，我怎麼辦祂呢？」於是窮凶極惡的群眾怒吼起來，像一群鬼魔一樣，回答說：「把祂釘十字架！」此時有喬裝為人的魔鬼混雜在人群之中，所以除了「把祂釘十字架」的答覆之外，還能聽到什麼別的話呢？

彼拉多心裡煩亂極了，萬萬沒想到事情會弄到這一步。他不敢讓一個無辜的人去受最殘酷最屈辱的死刑。怒吼的聲音稍停息後，他就問道：「為什麼呢？祂作了什麼惡事呢？」但那早已不是說理的時候了。他們要的不是基督無罪的憑據，而是要定祂的罪。

彼拉多仍想設法營救耶穌。他第三次對他們說：「為什麼呢？這人作了什麼惡事呢？我並沒有查出祂什麼該死的罪來。所以，我要責打祂，把祂釋放了。」但眾人一聽說要釋放祂，就怒不可遏地大肆咆哮：「釘祂十字架！釘祂十字架！」彼拉多的猶豫不決所引來的暴風雨，越來越大了。

於是，彼拉多把發暈、憔悴、遍體鱗傷的耶穌帶了出來，當著眾人的面鞭打了。「兵丁把耶穌帶進衙門院裡，叫齊了全營的兵。他們給祂穿上紫袍，又用荊棘編作冠冕給祂戴上。就慶賀祂說：『恭喜，猶太人的王啊！』又……吐唾沫在祂臉上，屈膝拜祂。」有個惡人奪過那放在祂手裡的葦子，打祂額上的冠冕，使荊棘刺入額角，鮮血流滿兩頰和鬍鬚。

諸天啊，驚奇吧！大地啊，詫異吧！且看那壓迫人者和被人壓迫的。一群瘋狂的暴徒圍著世界的救贖主。侮慢、嘲笑、褻瀆、雜著粗暴的咒罵。祂那卑微的出身和窮苦的生活，被無情的匪類用來作評論的笑料。他們嘲笑祂自稱是上帝的兒子，並被呼喊卑鄙、戲弄、侮辱、譏誚的話。

撒但領著這群慘無人道的暴徒侮辱救主，目的是要盡可能激起基督報仇的心，或使祂行個神蹟來救自己。這樣就能破壞救贖的計畫。基督在世為人，若有一點瑕疵，祂的人性忍受可怕的試驗時，若有一點失敗，那麼上帝的羔羊就必成為一個不完美的祭物，而救贖人類的工作也就要失敗。祂盡可以命令天軍來援助祂，也可以顯出祂神性的威嚴，使暴徒膽戰心驚地抱頭鼠竄。耶穌卻以完全鎮靜的態度，忍受最粗暴的凌辱和虐待。

基督的仇敵要祂行個神蹟來證明祂的神性。其實他們已經看到遠勝過他們所要的憑據。折磨祂的人所施的暴行，如何使他們降到人性以下，成為撒但的樣式；耶穌的溫柔和忍耐，也如何使祂升到人性之上，證明祂與上帝的親屬關係。祂的自卑是祂升高的憑據。從祂受傷的額頭流到臉上和鬍鬚上的血滴，正是祂受「喜樂油」（來一：9）之膏，做我們尊榮的大祭司的憑證。

撒但看到那加在救主身上的侮辱沒有使祂發出一句怨言，不禁大怒。救主雖然取了人性，卻有神聖的忍耐來支持祂，一點也沒有違背祂父的旨意。

當彼拉多將耶穌交由人鞭打、戲弄時，他原是想藉此引發眾人的惻隱之心，希望他們會認為這樣的刑罰已經夠了。他甚至想，祭司們的惡意如今也應該滿足了。但是猶太人卻清楚地看出，彼拉多如此刑罰一個他所宣稱為無罪的人，正是他懦弱的表現。他們知道彼拉多想救這已決犯的性命，而他們堅決不讓耶穌獲釋。他們想，彼拉多為要討好、滿足他們的願望，已經鞭打了耶穌，如果堅持下去，再逼一逼，必能完全達到目的。

這時彼拉多差人把巴拉巴帶到公堂上來，令兩個已決犯並肩站立。他指著救主，嚴肅、懇切地說：「你們看這個人！」「我帶祂出來見你們，叫你們知道我查不出祂有什麼罪來。」

上帝的兒子穿著那遭人戲弄的王袍，帶著荊棘冠冕站著，祂的衣服被剝到腰際；祂的背上顯出殘忍的長條鞭痕，鮮血淋漓；臉上血跡斑斑，現出極疲憊痛苦的樣子。但祂的面貌從來沒有比此時更榮美。當祂站在仇敵面前時，面貌倒不是憔悴枯槁的，卻向那些殘暴的人顯出溫柔、順服和最親切的憐愛。祂的態度沒有半點怯懦、軟弱之意，而只是堅忍的力量和尊嚴。祂旁邊的已決犯巴拉巴則大不相同。祂臉上的每條皺紋，都顯出祂是個鐵石心腸的惡棍。這鮮明的對比，每個人都能看出來。有些旁觀者哭了。他們望著耶穌，心中充滿同情；甚至連祭司和官長們這時也深深感悟：祂必是祂所自稱的那一位。

圍著基督的羅馬士兵，並不都是心地剛硬的。有幾個兵正切切地注視祂的臉，要找一點憑據證明祂是個罪犯或危險分子。他們時而轉過頭，輕蔑地看巴拉巴一眼，可是不用怎麼深究，就把他看穿了。再回過頭來看耶穌，望著這位神聖的受難者，不禁深表哀憐。基督的沉靜、順服，深深地銘刻在他們心中，直到他們或承認祂是基督，或因拒絕祂而決定自己的命運為止，這幕景象永不磨滅。

彼拉多對救主無怨言的忍耐，大為驚異。他本想將耶穌同巴拉巴一比，猶太人一定會生心同情的。可是他不明白祭司們對耶穌的仇恨有多深，因耶穌作為世界之光，暴露了他們的黑暗和錯謬。這時他們已鼓動暴徒到瘋狂的地步。於是祭司、官長和民眾不斷發出可怕的吼叫聲：「釘祂十字架！釘祂十字架！」最後，彼拉多因他們無理的殘暴，再也沒有耐心了，便失望地說：「你們自己把祂釘十字架吧！我查不出祂有什麼罪來。」

這羅馬巡撫雖已見慣殘暴的事，但當他看到這受苦的已決犯被定罪、受鞭打、額上流血、背上受傷，而仍保持寶座上君王的風度時，不禁大為感動，深表同情。可是祭司們卻說：「我們有律法，按那律法，祂是該死的，因祂以自己為上帝的兒子。」

此話使彼拉多大吃一驚。他對基督和祂的使命雖無正確認識，但他對上帝和超乎人類的神明多少有點相信。從前他心中一度泛起的思想此時更明確地具體化了。他疑問：這站在面前，身穿那遭人戲弄的紫袍，頭戴荊棘冠冕的，或許真是個神明吧！

彼拉多又進了衙門，問耶穌說：「你是哪裡來的？」耶穌沒有回答他。救主已經對彼拉多講明了自己的使命，就是給真理作見證。可是彼拉多卻罔顧真光。他已濫用了審判官的崇高職分，因暴徒的要挾而犧牲了正義和威權。耶穌就再沒有真光給他了。彼拉多因救主的緘默而動怒，傲慢地說：

「你不對我說話嗎？你豈不知我有權柄釋放你，也有權柄把你釘十字架嗎？」

耶穌回答說：「若不是從上頭賜給你的，你就毫無權柄辦我，所以把我交給你的那人，罪更重了。」

慈憐的救主在非常痛苦和憂傷之中，還盡可能的原諒羅馬巡撫把祂交給人去釘十字架的行為。這留給後世的是何等的景象啊！關於全地審判者的品德，這又是何等的啟示啊！

耶穌說：「把我交給你的那人，罪更重了」。基督這話是指該亞法說的，因為他是以大祭司的身分代表猶太國的。他們知道那些管理羅馬當局的原則。他們對那為基督作見證的預言，和基督自己的教訓或神蹟，都有充分的亮光，充分的認識。猶太人的審判官，曾得到毫無錯誤的憑據，證明他們所判處死刑的一位，是從天上來的。他們必要按著所得到的亮光受審判。

所以最大的罪過和最重的責任，是在那些國內身居高位的人身上，因為他們卑鄙地辜負了他們所受的神聖委託。相較而言，彼拉多、希律和羅馬士兵只能算是不認識耶穌的。他們想藉著侮辱祂而討好祭司和官長們。他們沒有得到猶太人所得的那麼多的真光。如果這些兵丁得到過亮光，他們就不至於如此殘酷地對待基督了。

彼拉多一再建議釋放耶穌。「無奈猶太人喊著說：『你若釋放這個人，就不是該撒的忠臣。』」這些口是心非的人如此假裝熱心擁護該撒的政權。其實在一切反對羅馬統治的人中，猶太人是最激烈的。在安全的範圍內，他們常常很霸道地厲行自己國家和宗教的規條。但當他們想遂行一項殘酷的陰謀時，就抬出該撒的權柄來。為要達到除滅基督的目的，他們竟表示願意效忠於他們所痛恨的外國統治者。

他們接著說：「凡以自己為王的，就是背叛該撒了。」這話正打中了彼拉多的弱點。這時羅馬政府正在懷疑彼拉多，他知道，若加上這樣一個罪名，他就完了。他也知道，如果猶太人受了挫敗，他們必定要憤怒地轉過來對付他。為要達到復仇的目的，他們是不擇手段的。眼前的就是一個例子，顯明他們是如何堅決地尋索他們無故恨惡之人的性命。

於是彼拉多坐在審判席上，再把耶穌帶到眾人面前，說：「看哪，這是你們的王。」可是，瘋狂的喊叫聲又發出來了：「除掉祂！釘祂在十字架上！」彼拉多就用一種遠近都聽得見的聲音問他們說：「我可以把你們的王釘十字架嗎？」從褻瀆侮慢的口中竟有這樣的話出來：「除了該撒，我們沒有王。」

這樣，由於揀選了一個信奉異教的統治者，猶太民族就此退出了神權的政體。他們已經拒絕上帝作他們的王了。從此以後，他們就沒有救主了。除了該撒，他們沒有王。他們之所以落到這種地步，完全是由於祭司和教師們的領導。這些人要為這件事以及所有的後果完全負責。一國之罪惡和一國的敗亡，都應歸咎於這些宗教領袖。

「彼拉多見說也無濟於事，反要生亂，就拿水在眾人面前洗手，說：『流這義人的血，罪不在我，你們承當吧！』」彼拉多帶著恐懼和自責的神情，望著救主。在這仰著臉的人山人海中，唯有救主的容貌是泰然安詳的。在祂頭上似乎有一道柔和的光環繞著。彼拉多心裡說：「祂確實是上帝。」於是他又轉向眾人說：「祂的血與我無關，你們把祂帶去釘十字架吧！但是祭司和官長們，你們要注意，我宣布祂是一個義人。唯願祂所稱為父的上帝，為今天的事審判你們，而不審判我。」隨後又對耶穌說：「請你原諒我這樣做，我不能救你了。」再鞭打了耶穌之後，彼拉多就把耶穌交給他們去釘十字架了。

彼拉多本來是想釋放耶穌的；但他看出，要保全自己的地位和尊榮，就不能這樣做。為了保住屬世的權力，他就作出了犧牲無辜之人性命的選擇。古往今來，不知多少人，為了避免損失或受苦，同樣犧牲了原則。良心和本分向人指明一條路；而自私自利的心則指出另一條路。潮流有力地向錯誤的方向流去；與邪惡妥協者，總是很快地被捲入犯罪的黑暗之中。

彼拉多屈從了暴徒的要挾，寧可把耶穌交給人去釘十字架，而不願冒喪失地位的危險。他雖然這樣小心提防，但他所害怕的事，後來還是臨到他頭上了。他從高位被革職黜退，結果在悔恨與恥辱之下，在主被釘之後不久，就結束了自己的生命。凡與罪惡妥協的人，都只能得到憂愁和敗亡。「有一條路人以為正，至終成為死亡之路。」（箴一四：12）

當彼拉多聲明，自己與流基督之血的罪無關時，該亞法大膽地回答說：「祂的血歸到我們和我們的子孫身上。」祭司和官長們首先附應這一句話，接著眾人也以野蠻的吼叫聲來附和：「祂的血歸到我們和我們的子孫身上！」

以色列民已經作出選擇。他們指著基督說：「不要這人，要巴拉巴。」強盜和殺人犯巴拉巴是撒但的代表。基督是上帝的代表。基督被棄，而巴拉巴被選中。於是，他們所得到的就是一個巴拉巴。他們的選擇，就是接受了那從起初就是說謊和殺人的撒但。於是撒但就成了他們的首領。猶太全國就要實行他的命令，作他的工作，忍受他的統治。那些揀選巴拉巴代替基督的百姓，必要忍受他的殘虐無道，直到末時。

猶太人曾望著那被擊打的上帝的羔羊，喊叫著說：「祂的血歸到我們和我們的子孫身上。」這可怕的喊聲，已經升到上帝的寶座之前。這宣布他們自己罪狀的判決，已經記錄在天上。而且這句話也已應驗。上帝兒子的血已歸到他們的子孫和子子孫孫身上，成了永久的咒詛。

這句話在耶路撒冷毀滅時，就悲慘地應驗了。在猶太民族近二千年來的景況中，也悲慘地應驗了。以色列成了一支從葡萄樹上砍下來的、沒有生命、不結果子的枝子，要被拾起來丟在火裡焚燒的枝子。要從這地到那地，直到全世界，世世代代死在他們的過犯罪孽之中！

這句話在將來的審判大日，也必可怕地應驗。因為基督再來到地上時，人們所看到的主，將不再是被暴徒所包圍的已決犯了。那時他們所看見的，將是天上的王。基督必要在祂自己的榮耀裡，並天父和眾天使的榮耀裡降臨。有千千萬萬的天使，及上帝美麗和勝利的眾子歡唱凱歌，帶著無上的榮耀和美妙，一路護駕而來。那時，祂要坐在榮耀的寶座上，萬民都要聚集在祂面前。那時，眾目都要看見祂，連刺祂的人也要看見祂。祂要戴上榮耀的王冕——冕上加冕來代替荊棘的冠冕。祂要穿上極潔白的白衣——「地上漂布的，沒有一個能漂得那樣白。」來代替那破舊的紫色王袍。「在祂衣服和大腿上有名寫著說：『萬王之王，萬主之主。』」（可九：3；啟一九：16）從前譏誚祂、擊打祂的那些人也必在那裡。祭司和官長們必再看見審判廳中的景象。當年一切的情景，都要像用火寫的字一般，出現在他們眼前。那時，那些發願說：「祂的血歸到我們和我們的子孫身上」的人，必得到他們所求的了。到那時，全世界的人必要知道而且明白一切。他們必要看出，他們這些可憐、脆弱並智慧有限的人，一直在抗拒的究竟是誰，究竟是在抗拒些什麼。他們必要在可怕的痛苦和恐怖中向大山和岩石說：「倒在我們身上吧！把我們藏起來，躲避坐寶座者的面目和羔羊的忿怒，因為他們忿怒的大日到了，誰能站得住呢？」（啟六：16，17）

第拾玖章
髑髏地。

本章根據：太二七：31~53；可一五：20~38；路二三：26~46；
約一九：16~30。

「到了一個地方，名叫髑髏地，就在那裡把耶穌釘在十字架上。」

基督「要用自己的血叫百姓成聖，也就在城門外受苦。」（來一三：12） 古時亞當和夏娃因犯上帝的律法，就被趕出伊甸園。故那「替我們成為罪」的基督，要在耶路撒冷城外受苦。祂死在城外——就是那些罪大惡極的人和殺人犯受刑之處。「基督既為我們受了咒詛，就贖出我們脫離律法的咒詛。」（加三：13）這句話是富有意義的。

一大群人跟著耶穌，從衙門直到髑髏地。祂被定罪的消息已傳遍耶路撒冷，於是，各色各等的人都朝釘十字架的地方蜂擁而去。祭司和官長們曾應許：如將基督本人交給他們，就不干涉信從祂的人。所以，城內和四鄉一帶的門徒和相信祂的人，都加入了跟在救主後面的群眾隊伍。

當耶穌從彼拉多的衙門出來時，就有人把為巴拉巴預備的十字架放在耶穌受傷流血的肩頭上。巴拉巴的兩個同伴也要與耶穌同時被處死，所以，也有十字架放在他們身上。在救主軟弱、痛苦的情況下，這負荷實在太重了。自從耶穌與門徒同吃逾越節晚餐之後，祂沒吃過一點食物，未喝過一口水。祂在客西馬尼園與撒但的使者鬥爭時，遭受了痛苦。那時祂已忍受被賣的慘痛，又看見自己的門徒都棄祂而逃。祂被解到亞那和該亞法那裡，又解到彼拉多那裡；以後，從彼拉多那裡，被送交希律，之後再被送回彼拉多手裡。從侮辱到侮辱，從譏誚到譏誚，兩次飽受鞭打之苦整整一夜，皆是一幕幕把人的心靈逼到絕處的慘景。但基督沒被打倒。除了榮耀上帝的話之外，祂未發一言。在整個這場審判祂的慘無人道的鬧劇中，祂始終保持鎮定和莊重。但在第二次受鞭打後，將十字架放在祂身上時，祂的血肉之軀因體力不支，暈倒在重負之下。

跟在救主身後的群眾，眼看祂軟弱而蹣跚的腳步，沒有表示任何惻隱之心，反而因耶穌不能背負這沉重的十字架而嘲笑、辱罵祂。他們再次把重負放在祂身上，祂又暈倒在地。逼迫祂的人才知道，祂實在背不起這個重擔。有誰願意背這恥辱的擔子呢？猶太人都不肯背，因為恐怕沾了汙穢，不能守逾越節。連那些跟從祂的雜亂群眾中，也沒人願意屈身來背這十字架。

這時有個陌生的古利奈人西門從鄉下來，正與隊伍相遇。他聽到群眾的嘲笑和他們所講的惡言惡語，又聽見他們多次輕蔑地說：「給猶太人的王讓路呀！」他當時就驚訝地站住了。他臉上露出了同情之色，他們便抓住他，把十字架放在他的肩上。

西門曾聽說過耶穌的事；他的幾個兒子也都是相信救主的，但當時他自己還不是主的門徒。西門背十字架到髑髏地去，實為一種福分。從此以後，他總是為這次恩遇而感激不已。這次經驗，使他以後一直甘願背起基督的十字架，並始終愉快地站在十字架的重負之下。

跟隨那「未被定罪」者到刑場去的人中，有不少婦女。她們的注意力全在耶穌身上。其中有些從前見過祂；有些帶過患病和受苦的人到祂面前；有些自己得到過祂的醫治。現在有人把最近發生的事告訴她們；她們不明白眾人為何對她們所摯愛，並為之心碎的救主如此懷恨。儘管喪心病狂的暴徒在發作，儘管祭司和官長們窮凶惡極，這些婦女還是表露對耶穌的同情。當耶穌暈倒在十字架下時，她們就禁不住號啕痛哭起來。

唯有這件事引起了基督的注意。祂雖因背負世人的罪孽而飽受痛苦，但對憂傷的表示，並非不關心。祂以慈愛的憐憫望著這些婦女。她們不是祂的信徒，祂也知道，她們並非因祂是上帝所差來的而為祂哀哭，而是感於人間憐憫之情。祂沒有輕看她們的同情心，但自己對她們生出更深切的同情，說：「耶路撒冷的女子，不要為我哭，當為自己和自己的兒女哭。」基督從祂目前的處境，展望到耶路撒冷被毀的時候。到那可怕的日子，許多現在為祂哀哭的人，必要和她們的兒女一同遭劫。

從耶路撒冷城陷落的情景中，耶穌想到更大的審判。這惡貫滿盈的城邑被毀，正是預指那必將臨到全世界的最後毀滅。祂說：「那時，人要向大山說：『倒在我們身上！』向小山說：『遮蓋我們！』這些事既行在有汁水的樹上，那枯乾的樹將來怎麼樣呢？」耶穌用有汁水的樹代表自己無罪的救贖主。上帝既讓祂對罪的憤怒落在祂愛子身上，那繼續犯罪的罪人將要受何等的痛苦呢？頑固不化、拒不悔改的人，將要承受一種言語所無法形容的痛苦。

跟隨救主到髑髏地的群眾中，有許多人在祂騎驢榮進耶路撒冷時，曾歡呼「和散那」，手裡搖著棕樹枝伴隨著祂。但不少當時隨聲讚美祂的人，如今卻又參加呼喊：「釘祂十字架！釘祂十字架！」了。當耶穌騎驢進耶路撒冷時，門徒的希望達到了頂點。他們貼近夫子，覺得與祂聯合是無上榮耀的事。現在祂受屈辱時，反倒遠遠落在後面，不敢緊跟祂了。他們心中充滿憂傷，並因失望而垂頭喪氣。這種情景是多麼確切地應驗了耶穌所說的話：「今夜，你們為我的緣故都要跌倒。因為經上記著說：『我要擊打牧人，羊就分散了。』」(太二六：31)

到了刑場，犯人就被綁在苦刑的架子上。那兩個強盜在綁他們的人手下，拚命掙扎，但耶穌卻不抵抗。耶穌的母親，由那蒙愛的門徒扶著，步步跟著兒子到髑髏地。她看到耶穌在十字架的重負下暈倒，就恨不得能用手托住祂受傷的頭，擦洗那在嬰孩時常依偎在她懷裡的額。但她沒有得到最後安慰兒子的權利。她和門徒一樣，希望祂施展祂的權力，救自己脫離仇敵之手。但她一想到耶穌對當前的事所講過的預言，她的希望就破滅了。當那兩個強盜被綁到十字架上時，她肝腸欲裂，懸心吊膽地在旁看著。難道那叫死人復活的一位能讓人把自己釘在十字架上嗎？難道上帝的兒子能讓人這樣殘忍地殺害自己嗎？難道她必須放棄耶穌是彌賽亞的信心嗎？難道她只能眼睜睜地看著祂受侮辱、受傷害，連在祂受苦時幫幫祂的這點權力都沒有嗎？她看到耶穌的雙手伸在十字架上，有人把槌子和釘子拿來，當釘子釘入那柔嫩的皮肉時，耶穌的母親已經暈倒，有幾個傷透了心的門徒扶著她，離開了這個可怕的場合。

救主沒發一句怨言。祂的面容依然鎮靜沉著，額上冒出大滴汗珠。此時卻沒有憐愛的手為祂擦去這死蔭的寒露，也聽不到一句同情的話和向祂效忠的表示來安撫祂的心靈。當兵丁執行他們殘酷的任務時，耶穌為仇敵禱告說：「父啊，赦免他們！因為他們所做的，他們不曉得。」祂忘了自己的痛苦，只想到那些逼迫祂之人的罪，以及他們將要受到的可怕報應。祂沒向虐待祂的兵丁說一句咒詛的話，也沒向那些因陰謀得逞而得意忘形、滿臉獰笑的祭司和官長們說一句復仇的話。基督憐憫他們的無知和罪惡，只提出了赦免他們的理由：「因為他們所做的，他們不曉得。」

如果這些人知道自己所虐待的人，就是那位來拯救犯罪的人類脫離永遠滅亡的主，他們就必滿心悔恨而驚恐。但他們的蒙昧無知不能免去他們的罪；因他們原是有機會認識耶穌，並接受祂為他們的救主的。其中有些人還會看出自己的罪而悔改歸正，而另有一些人則因自己的頑固不化，而使基督的祈禱不能實現在他們身上。雖然如此，上帝的旨意總是要成全的。這時，耶穌正在取得作人類中保的權利。

基督為祂的仇敵所獻的祈禱，包括全世界，包括從世界的起頭直到其末了的一切罪人。每一人都負有釘死上帝兒子的罪。赦罪之恩也白白賜給每個人。「凡願意的」都可以與上帝和好，並承受永生。

耶穌一被釘上十字架，就有幾個壯丁把木架舉起，使勁地插進掘好的洞裡，使上帝的兒子受到劇烈的痛苦。彼拉多用希伯來、希臘、拉丁三種文字，寫了一塊牌子，安在十字架上耶穌頭的上方。

牌子上寫的是：「猶太人的王，拿撒勒人耶穌。」這幾個字使猶太人非常不滿。在彼拉多的法庭上，他們曾喊叫說：「釘祂在十字架上！」「除了該撒，我們沒有王。」（約一九：15）他們還說：凡承認別人為王的，就是叛徒。現在彼拉多寫的正是他們所表達的情緒。沒有提到任何罪狀，只說耶穌是猶太人的王。這實際上說明猶太人對羅馬政權的服從。就是說，凡自稱是猶太人的王的，都要被他們定為該死的。可見祭司們害人者害己，是作繭自縛。當他們設計謀害基督時，該亞法曾宣稱，一個人為通國死是有益處的。現在他們的偽善被揭穿了。為了除滅基督，他們連民族的存在也準備斷送了。

祭司們看出自己所做之事的真相，就要求彼拉多把牌子上的話修改一下，他們說：「不要寫『猶太人的王』，要寫『祂自己說我是猶太人的王』。」但彼拉多因悔恨自己先前的軟弱，又鄙視這些嫉妒成性、老奸巨滑的祭司和官長們，就冷淡地回答說：「我所寫的，我已經寫上了。」

其實，那把牌子安在耶穌頭上的，是比彼拉多或猶太人更有權力的一位。上帝的意思，是要藉這塊牌子喚起人們的思考，使他們查閱聖經。基督被釘的地方靠近耶路撒冷。當時有來自世界各地的人聚在城裡。所以，宣布拿撒勒人耶穌為彌賽亞的牌子，必引起他們的注意。牌子上的這句話是活的真理，是上帝所指引的手寫上去的。

基督在十字架上的苦難，應驗了先知的預言。在救主被釘之前數百年，祂早已預言彌賽亞所要受的虐待。祂說：「犬類圍著我，惡黨環繞我；他們扎了我的手，我的腳。我的骨頭，我都能數過；他們瞪著眼看我。他們分我的外衣，為我的裡衣拈鬮。」（詩二二：16 － 18）那有關祂衣服的一段預言應驗時，耶穌的朋友或仇敵都沒有參加意見，或者予以阻止。耶穌的衣服被那些釘祂在十字架上的兵丁沒收了。基督聽見他們分衣服時引起的爭吵。基督的裡衣沒有縫，是上下一片織成的；他們說：「我們不要撕開，只要拈鬮，看誰得著。」

救主在另一段預言中宣稱：「辱罵傷破了我的心，我又滿了憂愁。我指望有人體恤，卻沒有一個；我指望有人安慰，卻找不著一個。他們拿苦膽給我當食物；我渴了，他們拿醋給我喝。」（詩六九：20 ，21）當時在十字架上受刑的人，可以服一種麻醉劑，以消除疼痛。這藥也有人拿給耶穌，祂嘗了就拒絕喝。祂不願喝任何麻痺心靈的東西。祂的信心必須緊緊握住上帝，上帝是祂唯一的力量。如果受麻醉，就會給撒但留下可乘之機。

耶穌掛在十字架上時，祂的仇敵盡情在祂身上洩恨。祭司、官長和文士們會同暴徒譏誚奄奄一息的救主。在基督受洗和登山變像時，曾有人聽見上帝的聲音宣布基督為上帝的兒子。後來，基督被賣的前夕，有天父的話證實基督的神性。但現在那從天上來的聲音卻靜默無聲。人們聽不到一句有利於基督的見證。祂獨自一人忍受著惡人的侮辱和譏誚。

他們說：「你如果是上帝的兒子，就從十字架上下來吧！」「祂若是基督，上帝所揀選的，可以救自己吧！」「在曠野試探中，撒但說：「你若是上帝的兒子，可以吩咐這些石頭變成食物。」（太四：三，六）如今撒但和惡使者裝扮成人，也站在十字架旁。這惡魔的魁首和他的從者，正與祭司和官長們合作。民眾的教師們已鼓動無知的暴徒，對他們從未見過的基督作出審判，他們許多人只是到被迫作見證時，才初次見到祂。祭司、官長、法利賽人和無情的暴徒，正在惡魔般的瘋狂中，攜手同謀。宗教領袖們與撒但和他的惡使者糾合在一起，唯撒但的旨意是從。

身受痛苦、奄奄一息的耶穌，對祭司們所說的話句句都聽見了。他們說：「祂救了別人，不能救自己。以色列的王基督，現在可以從十字架上下來，叫我們看見，就信了。」基督很可以從十字架上下來。但是，正因為祂不願救自己，祂才能給罪人以蒙上帝赦免和眷顧的希望。

那些自稱為解釋預言者譏誚救主的話，恰巧在講說舊約聖經所預言，他們在此場合所要講的話。他們卻盲然無知，沒覺察自己正在應驗先知的話。他們譏誚說：「祂倚靠上帝，上帝若喜悅祂，現在可以救祂，因為祂曾說：『我是上帝的兒子。』」他們一點也沒想到，他們的見證要傳到萬代。這些話雖然是用譏誚的口吻說出來的，卻令人空前熱心地去查考聖經。智慧人聽到這些話之後，就去查考聖經、默想、禱告。有些人孜孜不倦地以經解經，直到他們明白基督的使命為止。人對基督的認識，從來沒像祂釘在十字架上時那麼普遍。在許多看見十字架的情景，聽見基督講話的人心中，真理的光正在照耀。

在十字架上受慘痛的耶穌所得的一絲安慰，就是一個悔改的強盜的禱告。那兩個與耶穌同釘十字架的人，起初也譏誚祂。有一個在痛苦折磨下，變得更窮凶惡極了，他的同伴卻不然。他不是死了心的違法之徒；他曾被不良的同伴引誘步入歧途，但他的罪比許多站在十字架旁辱罵救主的人還小。他見過耶穌，也聽過祂講道，祂的教訓使他有所感悟；但因受祭司和官長的影響而離開了祂。為求堵住良心的自責，他就在罪惡泥坑裡越陷越深，直到被捕、受審，並被判處釘十字架的死刑。他在審判廳裡和去髑髏地的路上，都同耶穌在一起。他聽見彼拉多說：「我查不出祂有什麼罪來。」（約一九：4）他曾注意耶穌那神聖的風度和祂對折磨祂的人所懷的憐憫和寬恕。在十字架上，他看見許多大宗教家伸著舌頭奚落耶穌。他聽到犯罪的同夥跟眾人罵祂，說：「你不是基督嗎？可以救自己和我們吧！」他也聽見過路人重述耶穌的話，講說祂的作為。這強盜重新確信：這人必是基督。於是應聲責備那人說：「你既是一樣受刑的，還不怕上帝嗎？」兩個垂死的強盜對世人再沒啥可怕的，但其中一人卻深深感悟：有一位上帝應該懼怕，有個使他顫慄的未來。他這沾滿罪汙的人生史快要結束了，便說：「我們是應該的，因我們所受的與我們所作的相稱。但這個人沒有作過一件不好的事。」

現在這強盜明白了。既無懷疑，也無怨恨。剛被定罪時，他是灰心絕望的；這時卻生出微妙而甜美的思潮。他想起從前聽見的有關耶穌的事：祂怎樣醫治病患，赦免罪惡。他聽到過那些信耶穌，並哭著跟隨祂的人所說的話；他剛看見並念過那安在救主頭上的名號；聽到過路人在念這名號；有些人是帶著悲傷顫抖的聲音，另一些人是在打趣譏笑地念著。同時有聖靈啟發他，於是一連串憑據逐漸連結起來了。在被壓傷、受戲弄，並掛在十字架上的耶穌身上，他看出了那除去世人罪孽的上帝的羔羊。當這無依無靠而瀕臨死亡的生靈，全然投靠瀕臨死亡的救主時，他發出希望和痛苦相交織的喊聲說：「主啊，你得國降臨的時候，求你記念我！」**（注一）**

他立時得了答覆：音調柔和、悅耳的話裡滿有慈愛、憐憫和能力：「我今日實在告訴你，你要同我在樂園裡了。」**（注二）**

在受慘痛的漫長時間裡，辱罵和嘲笑的話，一直落在耶穌耳中。就是被掛在十字架上的時候，祂所聽到的，仍舊是譏誚和咒詛的聲音。祂是多麼渴望能從門徒口中，聽到表示信心的話呀！可是祂只聽見悲嘆的話說：「我們素來所盼望要贖以色列民的，就是祂。」所以，這垂死的強盜說的帶有信心和愛心的話，使救主得到何等的喜悅啊！正當猶太人的領袖棄絕祂，而且連門徒都懷疑祂的神性時，那可憐的、垂死的強盜卻稱耶穌為主。從前，在祂行神蹟時，以及後來在祂從墳墓裡復活時，倒有很多人願意稱祂為主，可是當祂被掛在十字架上時，除了因悔改而得救的強盜之外，竟沒有一個人認祂為主。

注一：「主啊」之稱譯自英文欽訂本，以某些古卷為根據。
注二：原文字句的排列使本節經文可有兩種譯法。根據本章下文的解釋，此譯法較為合理。

當那強盜稱耶穌為主時，旁觀者也聽到了他的話。這告解者說話的聲調引起他們的注意。在十字架下為基督的衣服爭吵，並為祂的裡衣拈鬮的人，也停下來傾聽。他們憤怒的聲音止息了。他們屏息地望著基督，並等著聽這一位垂死者的答覆。

當基督說出那句應許的話時，籠罩在十字架上的烏雲好像被一道明光穿透。告解的強盜，當時就得到蒙上帝悅納的完全平安。基督在祂的屈辱中得了榮耀。眾人以為是被征服了的一位，現在反而成為征服者。終於有人承認祂是擔當罪孽的主了！世人儘管在祂的肉體上行使他們的權柄；他們儘管用荊棘的冠冕刺破祂的額角；他們盡可以剝去祂的衣服，並為分衣服而爭吵；可是他們不能剝奪祂赦罪的權柄。祂在臨死的時候，為自己的神性和天父的榮耀作了見證。祂的耳朵並非發沉不能聽見，祂的膀臂並非縮短不能拯救。凡靠祂進到上帝面前來的人，祂有無上的權柄能將他們拯救到底！

「我今日實在告訴你：你要同我在樂園裡了。」基督並沒有應許那強盜，當天就同祂在樂園裡，因為當天祂自己沒有到樂園去。祂卻是睡在墳墓裡，及至復活的早晨祂說：「我還沒有升上去見我的父。」（約二〇：17）但祂的應許，是在釘十字架的那一天，就是表面上失敗與黑暗的日子發出的。「今日」，當基督作為罪犯死在十字架上時，祂向那可憐的罪人保證說：「你要同我在樂園裡了。」

與基督同釘十字架的強盜，「一邊一個，耶穌在中間。」這是祭司和官長們所安排的，基督被放在兩個強盜中間，是要表明祂是三個罪囚中的首惡。這樣就應驗了聖經的話：「祂也被列在罪犯之中。」（賽五三：12）但是祭司們沒有看出他們這一行為的全部意義。耶穌與強盜同釘，是「在中間」；照樣，祂的十字架也是樹立在陷於罪惡的世界中間，而且祂對懺悔的強盜所說赦免的話，已點燃一盞明燈，其光芒必照到地極。

眾天使驚奇地看到耶穌無窮的慈愛，祂雖然身心遭受著最劇烈的慘痛，但仍然只為他人著想，並鼓勵悔改的人要相信。在祂的屈辱之中，祂以先知的身分，向耶路撒冷的女子講話；以祭司和中保的身分，求父赦免殺害祂的人；又以救主的身分饒恕懺悔之強盜的罪。

當耶穌望著四圍的群眾時，有一人引起祂的注意。祂的母親由門徒約翰扶著，站在十字架下。馬利亞不忍心離開她的兒子。約翰知道夫子已近臨終，故把母親又帶到十字架跟前。基督臨死時，還是掛念著母親。祂望著母親悲傷的臉，再向約翰一望，對她說：「母親，看你的兒子！」又對約翰說：「看你的母親！」約翰明白基督的話，並接受了祂的委託。約翰立即就接馬利亞到自己家裡，從那時就孝順地照應她。哦，這位可憐而有愛心的救主，在祂肉體一切痛苦和精神的折磨之中，仍惦記著母親！祂沒有留下金錢，讓她安度晚年；但有個約翰與祂最為知心，所以祂就將母親當作一份寶貴的遺產留給約翰。這樣，祂就為母親預備了她最大的需要：一位因她愛耶穌而愛她的人的體貼和孝順。約翰以她為神聖的委託接待了她，實在是得了極大的福分，馬利亞能經常使約翰想起他所愛的夫子。

基督孝敬父母的完全榜樣，在歷代的幽暗中，放出了明亮的光輝。三十年來，耶穌以每日的辛勞，幫助母親肩負家庭的重擔。現在，就是在祂最後的慘痛中，還想著為祂憂傷寡居的母親作妥善的安排。主的每個門徒，也必須表現這同樣的精神。凡跟從基督的人都會感受到，孝敬父母，贍養父母，是他們宗教生活所必須的一部分。凡心中存有基督之愛的人，他們的父母應永遠得到細心、周到的事奉和深切、柔和的孝順。

此時，榮耀的主正在十字架上，為作人類的贖價而將身亡。基督捨棄寶貴的生命時，並沒有勝利的喜樂鼓舞著祂。雖然此刻對祂來說盡是殘酷，盡是幽暗，然而，那壓在祂身上的重擔，並不是對死亡的恐懼。那使祂遭受言語所無法形容之慘痛的，也不是十字架的疼痛和恥辱。基督是最能吃苦的。祂此時的痛苦，是因感覺到罪的極度凶險和深知人類因習於行惡已看不出罪惡的可怕。基督深知罪在人身上的勢力是多麼根深蒂固，而且願意掙脫罪惡勢力的人又是何等稀少。祂也知道，若不得上帝的幫助，人類必然滅亡。但祂又看到，千萬人在可能得幫助時竟趨於沉淪。

我們眾人的罪孽，都放在我們的替身和保人基督身上了。為了救贖我們脫離律法的咒詛，祂被稱為有罪者。因此，亞當每個子孫的罪，這時都重重地壓在祂心上。上帝對罪惡的憤怒，對不法之事所顯出的憎惡，使祂的兒子心中驚恐不已。基督一生都在向墮落的世界宣講天父的憐憫和赦罪之愛的佳音。祂講論的主題，是罪魁得蒙救恩的喜訊。可是，如今祂既擔負著可怕的罪擔，就看不見天父慈愛的聖顏了。上帝在救主受最劇烈痛苦的時刻向祂掩面，使祂腸斷心碎，其傷痛是世人永不能充分明白的。祂心靈上的劇痛， 使祂幾乎感覺不到肉體上的痛苦。

撒但用猛烈的試探襲擊耶穌。救主此刻不能透過墳墓的門看到未來。希望沒能讓祂看見自己以勝利者的姿態從墳墓裡出來，也沒能告訴祂，天父會悅納祂的犧牲。祂只怕罪惡在上帝眼中極為可憎，甚至祂必須與上帝永遠分離了。基督這時所忍受的，就是將來祂不再為罪人代求時，每個罪人所必要受到的慘痛。上帝兒子所喝的苦杯之所以如此苦澀，甚至使祂心碎，乃是因為祂替人類「成為罪」，以致上帝的憤怒降在祂身上。

眾天使目睹救主絕望的悲痛，不勝驚異。天上的全軍掩面回首，不忍再看這一幕可怕的景象。連自然界也向受盡凌辱、奄奄一息的創造主表示同情。日頭也拒絕看這一可怕的慘景。正當中午燦爛的陽光普照大地時，忽然它被掩沒了。深沉的黑暗像棺罩一般，包圍著十字架。「從午正到申初，遍地都黑暗了。」那時並沒有日蝕，（譯者按：逾越節值正月十四，月望期；日蝕必定是在月朔。）也並非其他任何自然現象造成這無月亮、無星光、黑如夜半的幽暗。這乃是上帝為了堅固後世眾人的信心，所賜下的神奇見證。

上帝的聖顏藏在深沉的黑暗中，「祂以黑暗為藏身之處」，（詩一八：11） 使人的眼睛看不見祂的榮耀。那時，上帝和祂的聖天使都在十字架旁，有聖父與祂的聖子同在。然而，祂的聖顏並未顯露。倘若祂的榮耀從黑暗中顯耀出來的話，凡看見的必被毀滅。而且在那恐怖的時辰，基督是不得到天父與祂同在的安慰。「祂獨自踹酒榨，眾民中無一人與他同在。」（賽六三：3）

上帝用那次深沉的黑暗，來遮掩祂兒子人性的最後的慘痛。凡看見基督受苦的人，無不感悟到祂的神性。人一看到祂的面容，就永遠不會忘記。該隱的面孔怎樣表露他殺人的罪辜，照樣，基督的面容也顯明祂的無罪、恬靜、慈祥上帝的形像。但是控告祂的人，偏偏不理會這上天的標記。譏誚祂的人群，已經目睹基督經受長時間的悲痛。現在慈憐的上帝要用黑暗為外衣，把祂遮蔽起來。

這時，死亡的沉寂籠罩著髑髏地。聚集在十字架周遭的群眾，被一種說不出來的恐怖所震懾。他們咒罵和譏誚的話，說了半截就止住了。男女老少都仆倒在地。從黑暗中，不時有熾烈的閃電，照出被釘十字架的救主。祭司、官長、文士、兵丁和暴徒，都以為他們遭報的時辰已到。過一會，有人輕聲說：「耶穌要從十字架上下來了。」有些人在設法摸索著回到城裡去，一路捶著胸，懼怕地哭喊起來。

約在申初（午後三時），黑暗從眾人之中消散了，但仍籠罩在救主四圍，象徵著那壓在祂心上的痛苦和悲傷。沒有人能看透那包圍十字架的黑暗，更沒有人能測度那籠罩在基督心靈上的、更深沉的幽暗。狂怒的閃電，似乎都向掛在十字架上的主襲來。隨後，「耶穌大聲喊著說：『以利！以利！拉馬撒巴各大尼。』就是說：『我的上帝，我的上帝，為什麼離棄我？』」當外圍的黑暗籠罩著救主時，許多人感嘆說：上天的報應落在祂頭上了，上帝憤怒的雷霆向祂發作了，因為祂自稱是上帝的兒子。許多相信祂的人，聽見祂絕望的喊聲，他們的希望也破滅了。如果上帝已離棄耶穌，祂的門徒還能信靠什麼呢？

及至黑暗從基督沉鬱的心靈上消退時，耶穌便感覺到肉體的痛苦了。祂說：「我渴了。」一個羅馬士兵看到祂焦乾的嘴唇，動了惻隱之心，拿海絨蘸滿了醋，綁在葦子上，遞給耶穌喝。但祭司們仍在嘲笑祂的痛苦。當黑暗籠罩全地時，他們心裡懼怕起來；及至他們的恐懼消失之後，他們又怕耶穌從他們的手中逃脫。他們誤會了祂所說的：「以利，以利，拉馬撒巴各大尼」的意思；所以，輕蔑地說：「祂叫以利亞呢。」他們拒絕了這減輕祂痛苦的最後機會，便說，「且等著，看以利亞來救祂不來。」

那無瑕無疵的上帝的兒子，掛在十字架上，因受鞭打而遍體鱗傷。那常伸出來為人祝福的雙手，被釘在木頭上；祂那雙為施愛於人而不倦奔走的腳，被長釘子釘在木頭上；君王的額角被荊棘作的冠冕所刺傷，發顫的嘴唇發著悲哀的喊聲。祂所受的這一切從祂的頭、手和腳上所滴下的血點，祂那全身抽搐的痛苦，以及那因天父向祂掩面而使祂心中充滿的說不出的悲慘是在向每一個人說明：上帝的兒子願意背負罪惡的重擔，乃是為你！為你，祂攻破了死亡的關塞，敞開了樂園的門戶；那曾平息怒濤，並在澎湃的巨浪上行走，使鬼魔戰驚，病魔逃匿，使瞎子重見光明，死人起死回生的主，如今竟將自己獻在十字架上作為贖罪祭。這一切都是因愛你而作的！那背負罪孽的主，忍受上帝的義怒，竟為你的緣故「成為

罪」。（林後五：21）

群眾肅靜地看著這幕慘劇的結束。太陽又重新出現，但十字架仍被黑暗籠罩。祭司和官長們向耶路撒冷望去，不料，那濃濃的黑雲已籠罩全城和猶大地高原。公義的日頭，就是世界的光，此時從那一度蒙愛的耶路撒冷收回了祂的光芒。上帝憤怒的雷霆，將要向這註定遭劫的城發作了。

忽然，黑暗從十字架上完全消散了。耶穌就用清楚宏亮、響徹宇宙的聲音喊叫說：「成了！」「父啊，我將我的靈魂交在你手裡。」有光環繞著十字架，救主臉上發出榮光如同日頭，隨後祂頭垂胸前，死了。

在那恐怖的黑暗中，基督明顯地被上帝離棄了。那時基督喝盡了人類禍患之杯最後一滴苦汁。在那可怕的幾小時裡，祂唯有信賴天父過去悅納祂的憑據。基督熟知祂父的品德；祂明瞭祂的公義、祂的憐憫和祂的大愛。基督憑著信心，仰賴祂向來所樂意順從的父。因此，當祂順服地把自己交給上帝時，先前所有不蒙天父喜悅的感覺就消失了。基督因信而得了勝。

地上從來沒見過這樣的景象。眾人呆呆地站著，屏著氣凝視救主。黑暗再度遮蓋了全地。眾人聽到轟轟隆隆的聲響，如同打大雷的聲音。於是地大震動，頓時呈現一片雜亂驚慌的景象。在四圍的高山上，大塊岩石被震下來，滾落到山腳的平原上。許多墳墓裂開了，屍首從裡面震了出來，祭司、官長、兵丁、劊子手和眾人都驚恐萬狀，仆倒在地，不敢作聲。

基督呼喊：「成了」的時候，祭司正在供職，是獻晚祭的時間。預表基督的羔羊已經牽來，正預備宰殺。祭司穿著寓有屬靈意義的華麗外袍，站在那裡，舉起刀來，好像亞伯拉罕將要殺他兒子時的姿態。群眾正聚精會神地觀看。忽然大地震動，因主親自臨近了。聖殿的幔子被一隻看不見的手，從上到下撕為兩半。將那一度為上帝臨格的榮光所充滿的至聖所，暴露在眾人眼前。古時的雲柱火柱曾在此停留。上帝曾在這裡的施恩座顯出祂的榮光。除了大祭司之外，從來沒人能揭開這道分隔至聖所同聖殿其他部分的幔子。只有大祭司能一年進去一次，為百姓贖罪。但不料，這幔子已裂為兩半。從此，地上聖殿的至聖所再也不是神聖的所在了。

到處是一片驚恐，一片慌亂。祭司正要宰殺祭牲的時候，刀從他發軟的手裡掉在地上，羊也逃走了。在上帝的兒子斷氣時，表號與實體會合，那最大的犧牲已經獻上，一條又新又活的路已為眾人預備。從此以後，救主耶穌要在高天之上，擔任祭司和中保的職務。當時好像有聲音向殿中禮拜的人說：「一切為罪而獻的祭物與犧牲就此告終。」上帝的兒子已經照祂以下的話來過了：「上帝啊，我來了，為要照你的旨意行，我的事在經卷上已經記載了。」（來一〇：7）祂「乃用自己的血，只一次進入聖所，成了永遠贖罪的事。」（來九：12）

第貳拾章
「成了！」。

基督的生命一直到祂完成降世為人的大工之後才告結束，祂用臨終的最後一口氣喊了聲：「成了！」（約一九：30）這場戰鬥打贏了。祂的右手和聖臂已取得勝利（詩九八：1）。祂以勝利者的姿態，將祂的旗幟插上了永世的尖峰。眾天使豈不也都歡慶嗎？全天庭無不為救主的勝利而歡呼。撒但被擊敗了，他知道自己的國度必要滅亡。

「成了」這句話，對眾天使和未曾墮落的諸世界是意味深長的。救贖大工的完成既是為了我們，也是為了他們。他們與我們同享基督勝利的果實。

直到基督受死之時，撒但的真面目才暴露在眾天使和未曾墮落的諸世界面前。這背道的魁首，一直用騙術掩飾自己，以致連聖潔的天使也沒看穿他的心術，沒看清他背叛的真相。

這膽敢出來反對上帝的，是個具有非常能力和榮耀的天使。關於路錫甫，耶和華曾說：「你無所不備，智慧充足，全然美麗。」（結二八：12）路錫甫原來是遮掩約櫃的基路伯。他曾站在上帝聖顏的榮光之中。他在一切受造之物中本是最高貴的，也是最能把上帝的旨意啟示給全宇宙的。但正因為他在天父面前居於崇高地位，他犯罪之後的欺騙性就更大，而揭露他的真面目也更為困難。

上帝完全可以毀滅撒但和一切同情他的天使，這在上帝原不費吹灰之力，但祂沒有這樣做。祂不打算用武力來制勝叛亂。強制的手段只存在於撒但的政體中；這不是耶和華所用的方法。祂的威權建立在良善、憐憫和慈愛上，所以祂必須按這些原則辦事。上帝的政權是以道義為基礎的，故信實和慈愛是上帝用以致勝的能力。

上帝定意要將萬事置於永保安穩的基礎上，故天上的議會決定，要給撒但充分的時間來實施他建立政權的基本綱領。他曾宣稱他的綱領比上帝的更優越。所以上帝要給他時間去貫徹他的主張，讓全宇宙看明真相。

撒但引人陷入罪中時，上帝就實施了祂的救贖計畫。四千年來，基督一直在致力於拯救人類，而撒但則一直在使人敗亡。這一切，全宇宙都看見了。

耶穌來到世上時，撒但的權勢就轉過來向祂進攻。從耶穌在伯利恆作嬰孩時起，這個篡位者就一直在想方設法要除滅祂。撒但用盡所有的方法，要阻止耶穌度過完美的童年和毫無過失的成年，不讓祂完成聖善的服務和無瑕疵的犧牲。但撒但沒有成功，他不能引誘耶穌犯罪，不能使祂灰心失望，更不能逼祂放棄降世為人所要作的工。從曠野到髑髏地，撒但憤怒的風暴不斷地襲擊祂，但這風暴越是無情地摧殘上帝的兒子，祂便越有力地抓住祂父的膀臂，在血染的路上勇往直前。撒但壓迫並勝過耶穌的一切努力，反而使祂無瑕疵的品格顯出更純潔的光彩。

全天庭和未曾墮落的諸世界都曾目睹這一場鬥爭。他們是以何等緊張的情緒望著這最後的幾幕景象啊！他們看見救主走進客西馬尼園，看見祂因大黑暗的恐怖而心靈傷痛，聽見耶穌悲哀的呼聲：「我父啊，倘若可行，求你叫這杯離開我；然而，不要照我的意思，只要照你的意思。」（太二六：39）當天父轉臉不顧祂時，他們看到祂承受著極大的憂傷，過於祂與死亡作最後爭鬥時所受的傷痛。大血點般的汗珠，從祂的毛孔裡滲出來，滴在地上。求救的祈禱，一連三次從祂口中逼了出來。天庭再也不忍看下去；於是有安慰的使者奉差遣到上帝的兒子那裡去。

天庭看見上帝的「犧牲者」被賣到嗜殺成性的暴徒手裡，一路上受著譏誚和虐待，匆匆忙忙地從這個審判廳被帶到那個審判廳；天庭聽見逼迫祂的人因祂出身的卑微而嘲笑祂；祂最愛的門徒之一發咒起誓不認識祂；天庭看到撒但的瘋狂手段，以及他控制人心的力量。哦，那是多麼可怕的景象啊！救主在客西馬尼園半夜被劫拿，從公會到審判廳給人拖來拖去。在祭司，公會和彼拉多面前各受審兩次，在希律面前一次，受戲弄，遭鞭打，被定罪，在耶路撒冷女子的哀哭和暴徒的嘲笑之中，背著沉重的十字架出去，被人釘上十字架。

天庭悲憤驚訝地望著耶穌掛在十字架上，有血從祂刺傷的兩鬢流下，汗珠如血點從祂額頭冒出。祂的手和腳流出的鮮血，一滴滴地落在十字架下的岩石上。雙手釘穿的傷口因身體的重量而裂開。當祂的心靈在世人的罪擔重壓下喘息時，祂的呼吸越來越急、越來越深了。在這極度的痛苦之中，基督還為仇敵禱告說：「父啊，赦免他們，因為他們所作的他們不曉得。」（路二三：34） 此時全天庭無不大大驚奇。但站在十字架下的那些照著上帝形像被造的人，反而聯合起來，殺了上帝的獨生子。這在全宇宙看來是何等的景象啊！

那時空中掌權的黑暗勢力，都聚集在十字架周遭，向世人心中投下不信的陰影。太初耶和華創造這些使者侍立在他寶座前時，他們是美麗、光榮的。他們的美麗和聖潔也與他們的崇高地位相稱。他們因上帝的智慧而富足，以天上的甲冑為配備。他們原是耶和華的執事。但現在誰能認出這些墮落的天使，就是一度在天庭服役榮耀的撒拉弗呢？

撒但的黨羽和惡人聯合起來，誘使人相信基督是個罪魁，並以祂為憎恨的對象。當基督被釘上十字架時，那些譏誚祂的人都被第一大叛逆者的精神所鼓動。撒但以卑鄙齷齪的話充滿他們的口，驅動他們侮辱耶穌。儘管如此，他卻毫無所獲。

若能在基督身上查出一點罪汙，如果祂為了逃避可怕的折磨而在任何方面稍微向撒但讓步，上帝和人類的仇敵就必得勝。結果，基督垂首死去，始終持守對上帝的信心和順服。「我聽見在天上有大聲音說：『我上帝的救恩、能力、國度，並祂基督的權柄，現在都來到了，因為那在我們上帝面前晝夜控告我們弟兄的，已經被摔

下去了。』」（啟一二：10）

撒但看出自己的假面具已被剝下，他的行徑已在未曾墮落的天使和全宇宙面前暴露無遺。他顯明自己是個謀殺犯。由於他流了上帝兒子的血，就使自己徹底喪失天上眾生的同情。從此以後，他的工作必受到限制。不管他裝出什麼姿態，他再不能向來自天庭的使者控告基督的弟兄，說他們穿著被罪玷汙的髒衣服了。撒但同天上諸世界間感情上的最後聯絡終於斷絕。

儘管如此，撒但還沒有被毀滅，因為就是到了那時，眾天使還不能完全明白這場大鬥爭所涉及的一切問題。同天地命運息息相關的重大原則，必須更充分地顯明。為了人類的緣故，必須讓撒但繼續存在，使人類也和天使一樣看出光明之君與黑暗之君的區別，人類必須選擇所要事奉的主。

大鬥爭開始時，撒但宣稱，上帝的律法是不能守好的。又說，公義與憐憫是互不相容的。人違背律法，就不能得赦免。撒但主張，每一罪行都應受罰。上帝若免去罪的刑罰，就不是誠實公義的上帝。當世人犯了上帝的律法，違抗祂的旨意時，撒但歡慶雀躍，並宣稱：這證明律法不可能遵守的，人也不能得赦免。因撒但叛逆後被趕出天庭，故他斷言人類也必永遠與上帝的恩愛隔絕。他強調：上帝若向罪人施憐憫，就不是公義的上帝。

其實，作為罪人，人的地位畢竟與撒但不同。路錫甫在天上，是在上帝榮耀的光照之下犯罪的。那時他所得到的有關上帝之愛的啟示，是任何其他受造之物所不曾得到的。撒但既認識上帝的品德，瞭解祂的良善，竟決定順從自私自恃的心意，這就是他最後的選擇，上帝再不能用什麼方法來救他了。但人類是受了欺騙；人的心智被撒但的詭辯蒙蔽了，所以不知道上帝的慈愛是何等長闊高深。因此人還有明白上帝之愛的希望，還可能因看明上帝的品德而被吸引歸回上帝。

上帝的憐憫已藉著耶穌向世人顯明了。但憐憫並不排除公義。律法顯明了上帝品德的屬性，所以律法的一點一劃都不能更改，來迎合人類的墮落狀況。上帝沒有改變律法，但是為了救贖人類，祂在基督裡犧牲了自己。「這就是上帝在基督裡叫世人與自己和好。」（林後五：19）

律法的要求就是公義——公義的生活和完美的品格，這是世人拿不出來的。但基督取了人性來到世上，過著聖潔的生活，鑄造了完美的品德。這一切祂都白白賜給凡願意接受祂的人，祂的生活就代替了世人的生活。這樣，人們過去的種種罪惡，就因上帝的寬容而蒙赦免。此外，基督還將上帝的屬性授與人類，按照上帝品德的模式建造人類的品格，使之具有屬靈的強健和完美。這樣，律法的義就在信基督的人身上成全了。上帝能「使人知道祂自己為義，也稱信耶穌的人為義。」（羅三：26）

上帝的愛，在祂的公義中表現出來，正像在祂憐憫中所表現的一樣。公義是祂寶座的根基，也是祂的愛的果實。撒但的目的，是要把憐愛從真理和公義分割開來。他想證明上帝律法的公義是平安的大敵。但基督已證明：這兩件事在上帝的計畫中密切相聯，相輔相成，缺一不可。「慈愛和誠實彼此相遇；公義和平安彼此相親。」（詩八五：10）

基督藉著祂的生和死，證明上帝的公義不會破壞祂的慈愛；並證明：罪能得赦免；律法是公義的，也是完全能遵守的。撒但的控告被駁倒了。上帝已給人明確無誤的憑據來證明祂的愛。

如今撒但提出另一種欺騙，說慈愛已經破壞公義，說基督的死已經廢掉天父的律法。殊不知，律法若真能更改或廢掉，基督就不必死了。廢掉律法，無異是使罪惡永垂不朽，使世界落在撒但的控制之下。正因為律法是不變的，並且人唯有順從律法的條例才能得救，所以耶穌才在十字架上被舉起來。如今基督用來堅定律法的辦法，撒但倒說是廢除律法的。基督與撒但之間的大鬥爭，必將在這一點上發生最後的衝突。

今日撒但倡導的理論說：上帝親口頒布的律法是有缺欠的，其中某些細則已被廢除。這就是他迷惑世人的最後大騙局。他不必攻擊全部律法，如能引誘人抹煞其中一條，他的目的就達到了。「因為凡遵守全律法的，只在一條上跌倒，他就是犯了眾條。」（雅二：10）人只要同意破壞一條律法，就必使自己陷於撒但權下。故撒但想用人的律法來代替上帝的律法，藉以控制全世界。這工作在先知書中已有預言。關於代表撒但的大叛逆勢力，預言說：「他必向至高者說誇大的話，必折磨至高者的聖民，必想改變節期和律法。聖民必交付他手。」（但七：25）

有人將要制訂他們自己的律法，來反抗上帝的律法。他們要強迫別人違背良心，而且為了推行這些律法，他們將要壓迫自己的同伴。

在天上開始反抗上帝律法的戰爭，必持續直到末時。每個人都將受到考驗。順從或不順從，是全世界要決定的問題。人人都要在上帝的律法和人的律法之間作出抉擇。分界線劃定於此。將來世上只能有兩等人。各人的品格都將成熟，人人都要顯明他們選擇的究竟是站在忠順的一邊，還是叛逆的一邊。

那時，末日就要來到。上帝一定要維護祂律法的尊嚴，並拯救祂的子民。撒但和一切參加叛逆的人，必被剪除。罪和罪人必被滅絕，根本枝條一無存留（見瑪四：1）。撒但就是根本，凡跟從他的人都是枝條。對邪惡之君，以下的預言那時就要應驗：「因你居心自比上帝……遮掩約櫃的基路伯啊，我已將你從發光如火的寶石中除滅。……你令人驚恐，不再存留於世，直到永遠。」那時，「惡人要歸於無有。你就是細察他的住處，也要歸於無有。」「他們就歸於無有。」（結二八：6－19；詩三七：10；俄16）

這並非出於上帝單方面的獨斷專行，而是拒絕上帝恩典的人作繭自縛，自食其果。上帝是生命的泉源，當人定意要行惡時，他就與上帝分離，自絕於生命之源，「與上帝所賜的生命隔絕了。」基督說：「恨惡我的都喜愛死亡。」（弗四：18；箴八：36）上帝容惡者暫時存留，好讓他們的品性充分發展，心術全然暴露；此後，他們就要自食其果。撒但和一切與他聯合的人，已置身於完全與上帝相悖的地位，祂的顯現對他們就要成為烈火了。儘管上帝就是愛，祂的榮耀必消滅此等與祂為敵的人。

大鬥爭開始時，眾天使還不明白這一點。如果撒但和他的全軍當時就受到他們惡貫滿盈的一切惡報，他們就必滅亡；可是在天上眾生的眼中，這還不能顯明是罪惡的不可避免的結果。同時，他們對上帝的良善所懷的疑惑，勢必留在心裡，像一粒邪惡的種子，遲早會結出罪惡和禍患的死果。

在大鬥爭結束時，就不是這樣了。那時，救贖的計畫已經完成，上帝的品格已經顯明在一切受造的眾生面前。上帝律法的條例已被認明是完備而不可變更的。那時，罪的本質和撒但的真面目都已暴露無遺。罪惡的徹底消除必證明上帝就是愛，並在樂於遵行祂的旨意，心中深藏祂律法的全宇宙眾生面前，確立上帝的信實。

考慮到這一切，眾天使在髑髏地望著救主的十字架時，是完全可以歡慶的；因為，他們雖然當時還沒洞察全部意義，他們卻知道罪與撒但的毀滅是確定無疑的了，人類的得贖也已萬無一失，宇宙是永保安全的了。基督自己完全體會到祂在髑髏地犧牲的果效。當祂在十字架上喊「成了」的時候，祂是展望到這一切的。

國家圖書館出版品預行編目資料

最後一週／懷愛倫（Ellen White）作；[時兆出版社]編輯部譯.
-- 初版.-- 臺北市：時兆, 2006[民 95]
面：　　公分.　　譯自：The last week
ISBN　978-986-82608-0-1（平裝）
1. 耶穌（Jesus Christ）- 傳記

249.1　　　　95015920

作　　者　懷愛倫（Ellen White）
譯　　者　編輯部

董 事 長　胡子輝
發 行 人　周英弼
出 版 者　時兆出版社
服務專線　886-2-27726420
傳　　真　886-2-27401448
地　　址　台北市10556八德路二段410巷5弄1號2樓

主　　編　黃淑美
文字校對　陳美如
美術設計　邵信成

法律顧問　宏鑒法律事務所
電　　話　886-2-27150270

ISBN-13　978-986-82608-0-1
ISBN-10　986-82608-0-9
定　　價　320元
出版日期　2006年9月初版1刷